兵庫県内の現役路線と廃線

兵庫県の鉄道
昭和～平成の全路線

野沢敬次 著

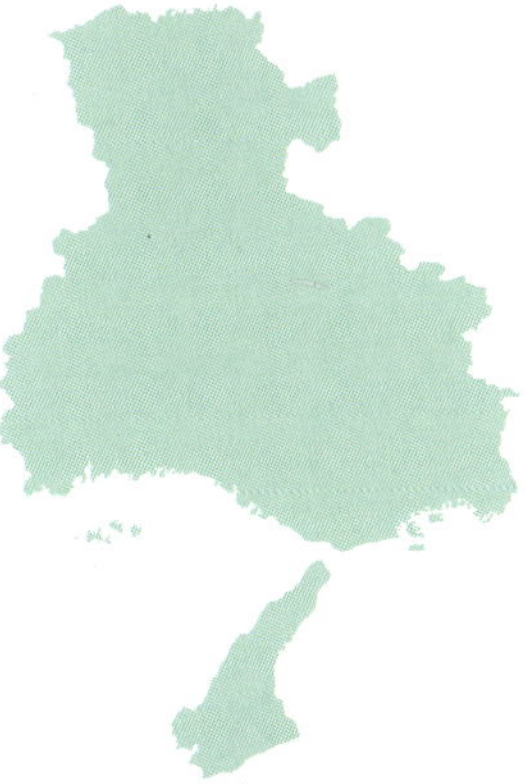

播但線新井～生野間を登るDD54とC57による重連の貨物列車。◎昭和47年2月19日　撮影：安田就視

1章 国鉄・JR

2章 私鉄・公営鉄道

3章 廃止路線

播但線新井～生野間を走るC57三重連。冬季の週末は、スキー臨時列車の機関車回送として636レが三重連になることがあった。
◎昭和47年2月　撮影：安田就視

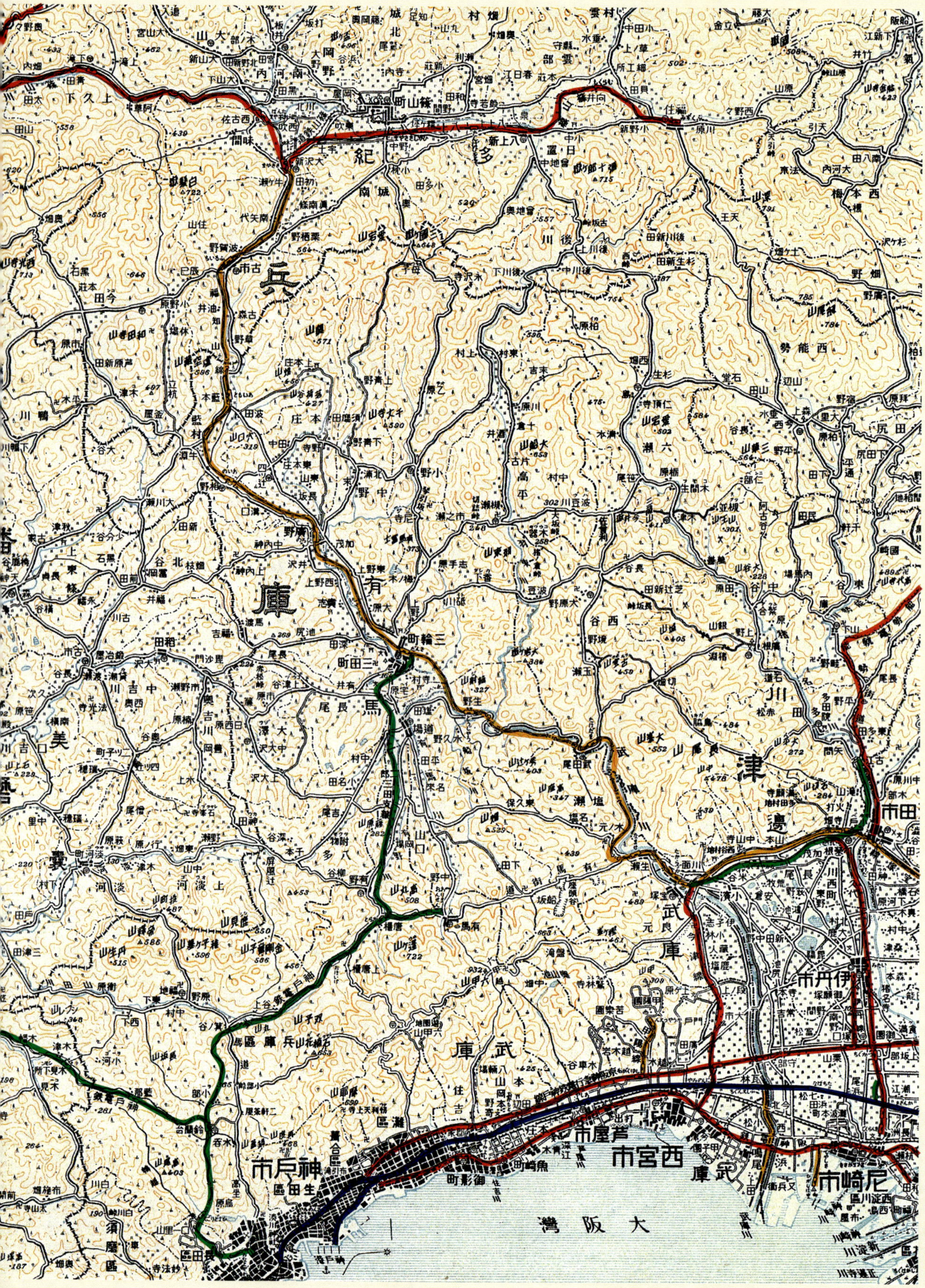
灣阪大
市戸神
市宮西
市屋芦
市崎尼
市丹伊
兵
庫
有
馬
武
庫
津
邊

兵庫県南部の鉄道路線（昭和25年）

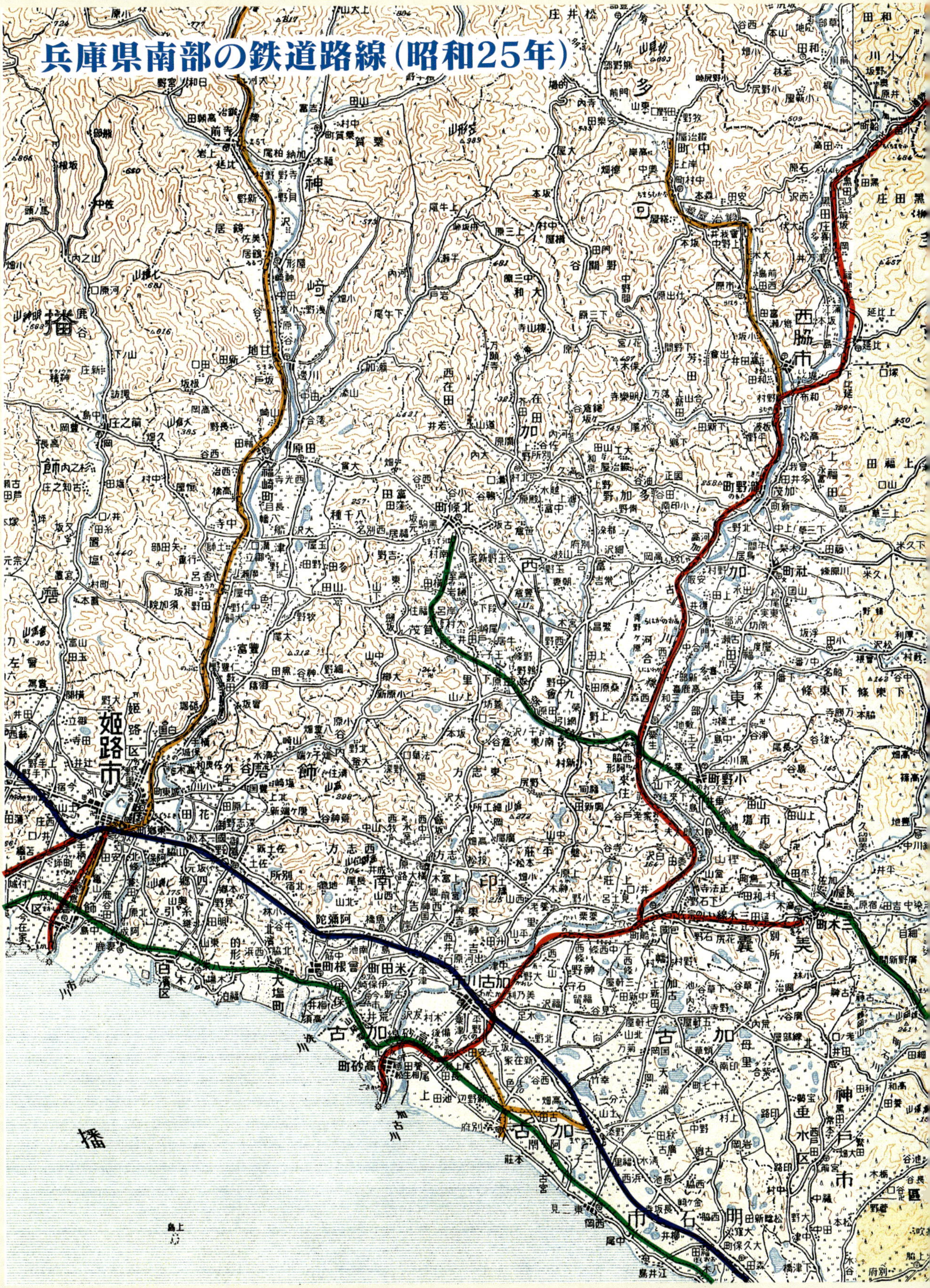

はじめに

瀬戸内海に浮かぶ淡路島から日本海に面した山陰海岸ジオパークまで幅広い県域を持つ兵庫県。現在の鉄道網は、県南部が中心だが、鉄道創生期には県内各地に鉄道敷設の機運が盛り上がり、建設資金の無かった明治政府に代わって、民間資本による鉄道が敷かれていった。あの山陽本線ですら、民間鉄道が遠く下関（当時は馬関）までを建設し、神戸市電も最初は民間が始めている。

本書では、廃止された路線も含め兵庫県内を通る全鉄道路線（ロープウェイ等の索道は除く）について、歴史に焦点を当てて紹介している。また写真については、懐かしい昭和30 ～ 60年代に撮影された写真を中心に掲載した。車両を紹介する写真では、一部、兵庫県以外で撮影した写真もある。

なお、執筆に当っては、日本交通公社「時刻表」、朝日新聞出版「歴史でめぐる鉄道全路線」、新潮社「日本鉄道旅行地図帳」、神戸新聞総合出版センター「ひょうご懐かしの鉄道」のほか各鉄道会社の社史、沿線自治体や関係企業の公式サイト等を参照させていただいた。本書をお手に取っていただき、子ども時代の記憶を蘇らせ当時を知る一助となれば幸いです。

2017年12月　野沢敬次

山陽本線有年～相生間を駆ける寝台特急「なは」。当初は新大阪～西鹿児島間を結んでおり、九州新幹線の新八代～鹿児島中央間の開業により京都～熊本間となった。平成20年3月のダイヤ改正で廃止された。◎平成16年3月14日　撮影：野沢敬次

1章
国鉄・JR

- 山陽新幹線
- 東海道本線
- 山陽本線
- 赤穂線
- 福知山線
- 加古川線
- 播但線
- 姫新線
- 山陰本線
- JR東西線

城崎までは播但線経由の急行「但馬3号」として運行した625D。山陰本線餘部～鎧間にて。◎昭和61年8月9日　撮影：野沢敬次

0系新幹線「ウエストひかり」。側面にラインを1本加え「W」をデザインしたマークが付けられ、普通座席も横4列シートに改良。◎平成11年11月20日　撮影：野沢敬次

山陽新幹線

六甲山麓を貫いて快走する

区間▼新大阪～博多（県内は新神戸～相生）　**路線距離**▼553・7㎞
駅数▼19駅　**軌間**▼1435㎜
全通年月日▼昭和47（1972）年3月15日　**最高速度**▼300㎞

博多延伸時に博多駅11番ホームで行われた出発式。一番列車「ひかり100号」の前で、右から藤井国鉄総裁、亀井福岡県知事らがテープカットをした。◎昭和50年3月10日　提供：朝日新聞社

東京から大阪へ達した「ひかりは西へ」

昭和39年10月の東海道新幹線の開業により「しおじ（新大阪～下関間）」、「つばめ（新大阪～博多間）」など新大阪からの新幹線接続特急が多数設定されたが、山陽本線の輸送量は貨物も含めて急増したため、開業翌年9月には運輸省（当時）が新大阪～岡山間の建設を認可している。

昭和42年3月に赤穂市の帆坂トンネルで起工式が行われ、昭和45年10月には全長1万6520メートルの六甲山トンネルも貫通、昭和46年9月からは新大阪～岡山間での試運転も始まる。そして、昭和47年3月に山陽新幹線の新大阪～岡山間が開業し、東京～岡山間を4時間10分で走った。

博多への延伸工事も昭和45年2月から始まり、昭和48年7月に全長1万8713メートルの新関門トンネルが開通し、昭和50年3月に岡山～博多間が開業。山陽新幹線が全通した。東京～博多間は、最速6時間56分で結ばれ、同年5月5日には、1日の新幹線利用客数が過去最大の103万236人となった。

JRになり山陽新幹線は進化する

国鉄末期の昭和60年10月に初の新型車両100系が登場し、編成の中間には2階建て車両が連結され食堂車とグリーン車として使われた。昭和62年4月の国鉄分割民営化によって山陽新幹線はJR西日本の路線となり、翌年3月のJR化後初のダイヤ改正では、早速、独自色が現れる。東京起点の「ひかり」が山陽新幹線内では停車駅が増えて遅くなるため新大阪起点の「ウエストひかり」を登場させて速達化を図ったのだ。平成9年3月には、JR東海の300系に対しJR西日本が開発した500系が最高時速300キロで新大阪～博多間を疾走。ギネスブックにも登録された。

平成11年3月に両社の共同開発の700系が登場すると、JR西日本は翌年3月から「ウエストひかり」の後継として、8両編成の700系で普通指定席を5列から4列にグレードアップした「ひかりレールスター」を山陽区間に走らせた。また、平成23年3月に九州新幹線が全通すると、JR九州との共同開発でN700系S編成を導入している。

500系新幹線は当時の技術の粋を集めて開発されたが製造コストが高く、先頭車の座席数が少ないことが運用上の問題となった。◎平成19年8月16日　所蔵：フォト・パブリッシング

初代ドクターイエローは0系をベースに改造され、増備車を含め数編成が存在した。平成17年9月末までに全て廃車となり、1編成が「リニア・鉄道館」に保存されている。◎平成17年1月16日　所蔵：フォト・パブリッシング

300系新幹線は「のぞみ」として平成4年3月のダイヤ改正で登場。東京～新大阪を2時間半で結んだが、初期はトラブルで運転打ち切りも発生した。◎平成19年5月13日　所蔵：フォト・パブリッシング

JR東海とJR西日本が共同開発した700系新幹線は、カモノハシのような顔が特徴。最高速度を285km/hに抑えてコスト削減を図り300系と座席数を共通化させた。◎平成28年2月12日　所蔵：フォト・パブリッシング

姫路～相生間で揖保川を渡る100系新幹線。長年親しんだ丸顔の0系からシャープな印象となり2階建て車両も組み込まれて平成元年3月のダイヤ改正で登場した。◎平成2年7月5日　撮影：安田就視

京都より阪神間が先行開業

東海道本線

区間▼東京～神戸（県内は尼崎～神戸）
駅数▼182駅
全通年月日▼明治5（1872）年6月12日
路線距離▼589.5㎞
軌間▼1067㎜
最高速度▼130㎞

神戸駅には明治時代の貴賓室が保存されていた。現在は玉座等の備品は移設され、飲食店の客室として使われているが、シャンデリアや大理石の暖炉等は残されている。◎平成24年2月16日　撮影：野沢敬次

117系「新快速」電車は、昭和54年9月に量産先行試作編成が登場し、阪急電鉄の特急2800系などに対抗して転換クロスシートを備え、昭和55年1月から営業運転に就いた。◎昭和60年　撮影：安田就視

新橋開業の1年半後に大阪～神戸も開通

日本最初の鉄道は、明治5年10月14日に開業した新橋～横浜間だが、大阪～神戸間も明治7年5月に開通し、大阪～西京（現・京都）が開通した明治10年2月5日には、明治天皇の行幸を仰いで神戸～西京間の開業式が開催された。

兵庫県内の駅は、神崎（現・尼崎）、西ノ宮（現・西宮）、住吉、三ノ宮、神戸の5駅で、このうち、上下の列車の行き違いができるのは、中間地点に当る西ノ宮だけであった。

線路の路盤は複線で敷設されたが、資金難から一部のトンネルを除き全線が単線で、西ノ宮には、上下それぞれ2列車分、すなわち同時に上下4本の列車が待避できる長い側線が用意された。つまり当時のダイヤは、大阪と神戸をそれぞれ同時に列車が発車し、中間駅の西ノ宮で行き違いを行う単純なものであった。また、上下それぞれ2列車ずつが同時に待避できるのは、鉄道電話もない当時において、列車の増発を行うための方策で、臨時列車を増発する場合は、定期列車の前に停車駅の少ない臨時列車を走らせ、西ノ宮で、後発の定期列車とともに行き違いを行っていた。

電話も無く連絡手段が無い初期の大事故

しかし、この仕組みが鉄道黎明期に大事故を起こす。明治10年10月1日21時13分。暗闇の豪雨の中、西ノ宮から神戸へ向かった下り臨時列車（回送）と神戸から西ノ宮に向かっていた上り定期列車が住吉駅の東側で正面衝突し、双方の乗務員3名が死亡、2名が重傷を負った。幸い乗客には被害が無かった。定期列車の編成は、機関車の次に「車長の車」、その次に料金の高い「上等客車」となっており「上等客車」には乗客が居なかったためと推察される。

原因は、下り臨時列車の機関手が、上り定期列車に先行して走っていた上り臨時列車を上り定期列車と勘違いして、西ノ宮を出発したためであった。ホームの駅員が誤発車に気付いただろうが、残念ながら列車に伝える術は無かった。

この事故の後、阪神間では、通行証（スタッフ）を使うこととなり、明治13年には、神戸～三ノ宮間で電話も使われるようになった。

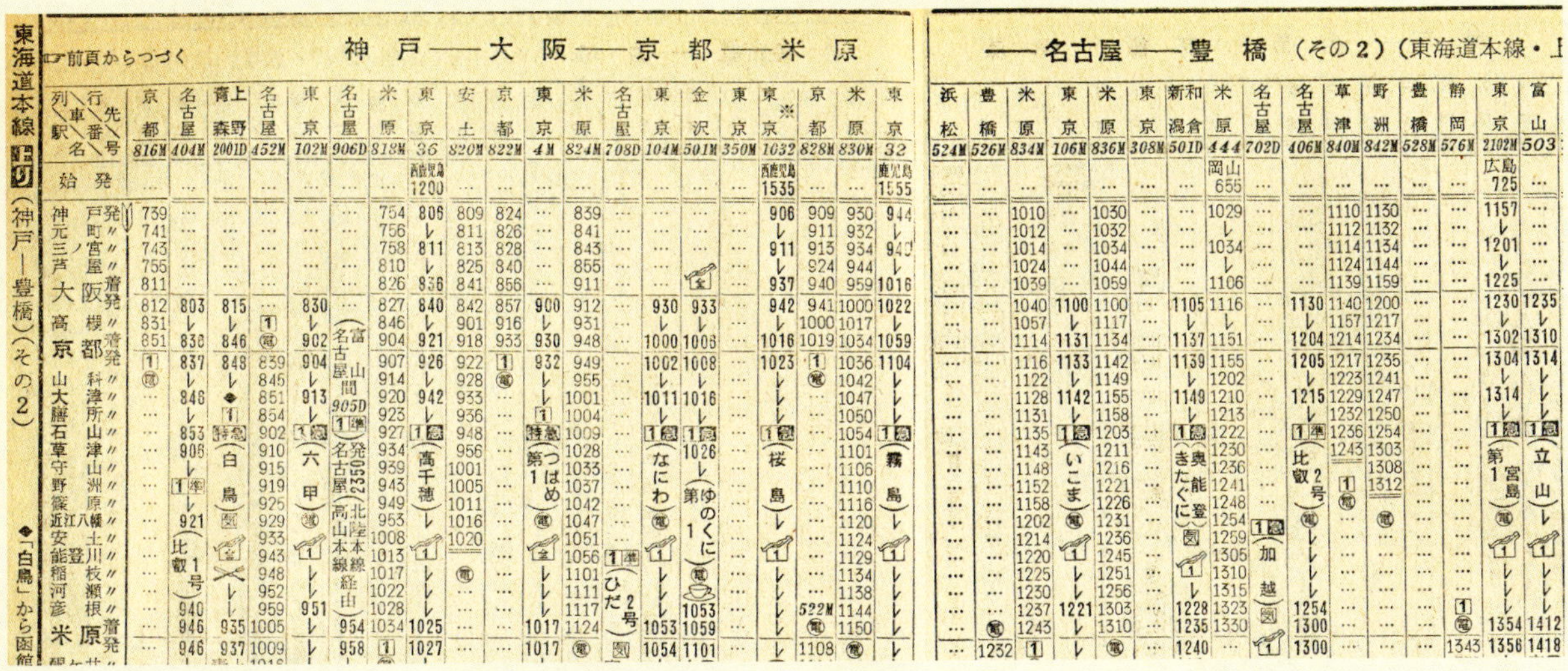

東海道本線 上り（神戸―豊橋）（その2）

☞前頁からつづく　神戸――大阪――京都――米原

――名古屋――豊橋　（その2）（東海道本線・上

東海道本線上り（神戸～米原間）の時刻表（昭和39年2月1日訂補）。

元町～三宮間を走る113系電車。111系のモーター出力を1両当り100kW×4基から120kW ×4基に増強した。◎平成10年11月16日　撮影：安田就視

尼崎は明治7年5月に大阪～神戸間が開業した翌月の6月1日に神崎として設置された。昭和24年1月1日に尼崎と改称し、平成7年9月に橋上駅舎となった。◎昭和37年8月13日　撮影：荻原二郎

六甲道（東灘信号場）～灘間を走る西明石行き103系普通電車。右下の線路は神戸港臨港線で、東灘信号場から分岐して神戸港、摩耶埠頭や湊川へ続いていた。◎昭和58年10月26日　撮影：安田就視

姫路に停まるEF15形牽引の貨物列車。EF15は、駆動輪2×3基を備えモーター出力は1基当たり1,900kWを誇った。台車や電気機器などは、EF58形と共通。◎昭和35年7月16日　撮影：荻原二郎

山陽鉄道が全線を敷設した 山陽本線

区間▼神戸～門司（県内は神戸～上郡）
兵庫～和田岬（支線）
駅数▼131駅
全通年月日▼明治21（1888）年11月1日
路線距離▼534.4km・支線2.7km
軌間▼1067mm
最高速度▼130km

三ノ宮付近の153系「新快速」昭和33年11月に新製時は、準急「東海」などの運用に就いたが昭和47年3月のダイヤ改正から、冷房改造されて「新快速」に投入された。◎昭和51年5月24日　撮影：荻原二郎

地元役人らが設立し下関まで全線を開通

神戸～門司まで全長534・4キロメートルの大幹線・山陽本線を建設したのは明治政府ではなく、民間資本の山陽鉄道だった。兵庫県内の開通が最も早く、兵庫～明石間が明治21年11月に開通した。その始まりは明治9年に遡る。

県の役人だった村野山人が、神戸～姫路間の鉄道建設を計画したが、資金難で計画は座礁。村野は諦めず、自らが神戸区長（現在の市長に相当）となった明治19年12月、県知事の内海忠勝と共に関西の実業家らに声をかけて、再度、神戸～姫路間の鉄道敷設を計画し、翌年1月に政府に出願した。

しかし、鉄道局長官の井上勝は、兵庫県内だけの鉄道ではなく、岡山、広島から山口の赤間関（現・下関市）までの鉄道建設を指令した。「収益の見込める区間だけを民間が建設し、利益の薄い姫路以西を官設鉄道にするのは理不尽。」との見解だった。村野らは、この井上の無理難題にも負けずに同年10月、神戸～赤間関間の鉄道敷設と山陽鉄道の設立を出願、明治21年1月に免許の交付を受けた。

船坂峠や瀬野八など難工事の末に全通

当時、神戸～兵庫間には天井川となった湊川が横たわり軟弱な川底の掘削は難工事が予想されたため、まず明治21年7月に資材運搬用の仮線を和田岬町（現・和田岬）～兵庫間に敷設し、同年11月に最初の営業区間として兵庫～明石間が開業。12月には姫路まで延伸した。翌年9月には湊川トンネルの竣工により神戸～兵庫間も開業し、神戸で官設鉄道（現・東海道本線）と接続した。

山陽鉄道が西進するに当たり最初の難関は、兵庫県と岡山県の県境にある船坂峠だった。明治22年6月に着工し、明治24年3月に全長1137・5メートルの船坂トンネルが竣工、岡山まで開業した。その後、尾道市街での住民反対運動や瀬野～八本松間の急勾配をクリアして明治34年5月、神戸～馬関（元・赤間関、現・下関）間が全通した。

山陽鉄道で特筆すべきは、官設鉄道がお役人よろしく「乗せてやる」的な運営だったのに対し、「乗っていただく」ために様々なサービスを展開した点である。

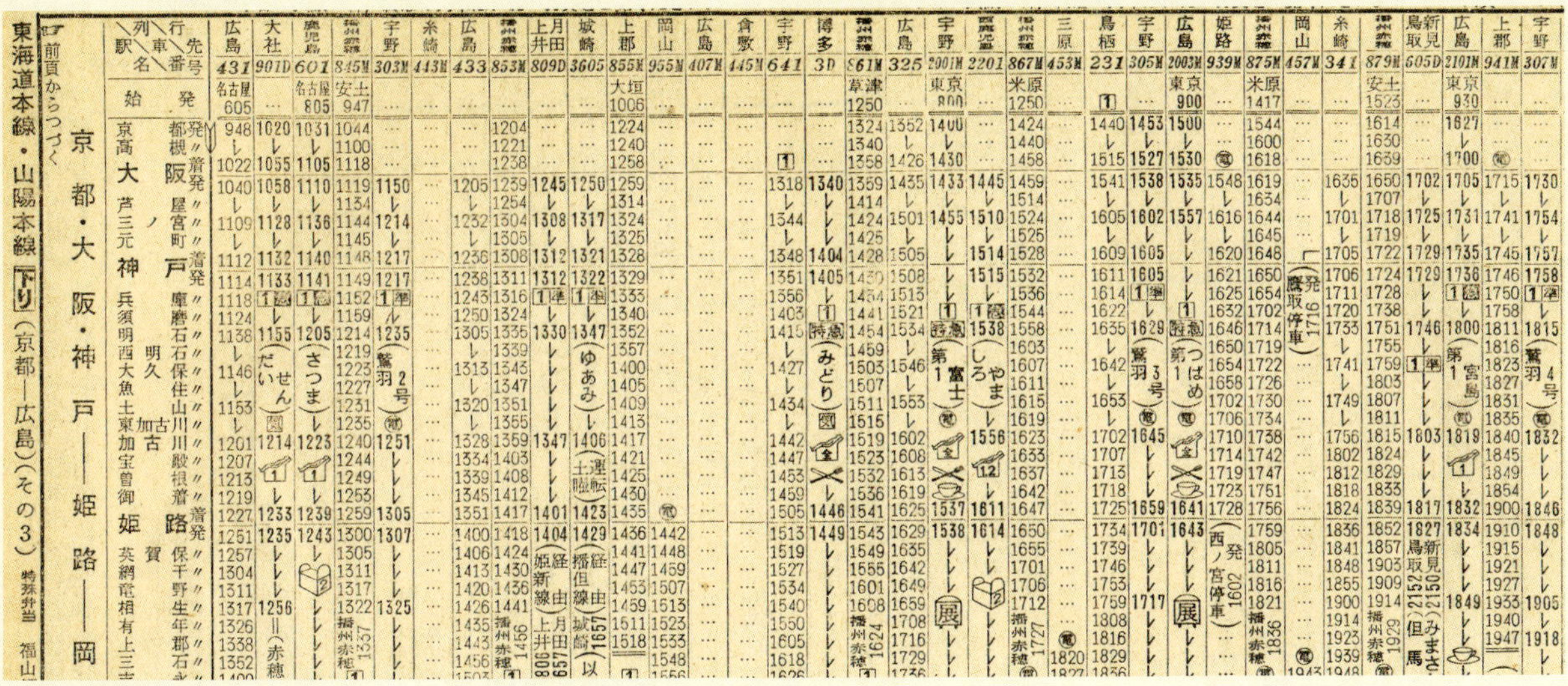
東海道本線・山陽本線 下り（京都—広島）（その3）

東海道本線・山陽本線下り（京都～三石間）の時刻表（昭和39年2月1日訂補）。

姫路～大阪間を走った「SL白鷺号」。昭和48年はC62 2号機、翌年はC61 2号機が牽引し、多くの観客が詰めかけた。昭和49年5月12日、撮影：涌水均

和田岬駅に停まるDD13形牽引の旧型客車。◎昭和37年9月2日　撮影：荻原二郎

日本初の施策を次々と展開し朝鮮半島へ

沿線には、瀬戸内海航路が発達しており、時間はかかるが安い船便に対抗するため、明治27年6月に広島まで開通すると同年10月から日本初の急行列車を神戸～広島間で走らせ、翌年10月には官設鉄道へ乗り入れて、京都～広島間で直通運転を始めた。明治32年5月には京都～三田尻（現・防府）間の急行列車に日本初の食堂車も登場、翌年4月からは、日本初の寝台列車も登場させている。明治34年に馬関まで全通すると「最急行」と銘うった列車を京都～馬関間で運行、特別急行（特急）の魁である。

一方、明治30年1月から主要駅に乗客の荷物を駅構内で運搬する荷運夫を配置。赤い帽子を被っていて「赤帽」と呼ばれた。山陽鉄道は、明治38年9月、下関（馬関から改称）と朝鮮半島の釜山を結ぶ航路を開設。釜山からは京釜鉄道に接続して京城（現・ソウル）へ、そしてシベリア鉄道を経由してヨーロッパへと向かう欧亜連絡鉄道の一翼も担った。

軍需輸送にも貢献したが国有化される

明治27年8月に勃発した日清戦争の軍事輸送でも山陽鉄道は大貢献し、明治37年の日露戦争を受けて明治政府は、山陽鉄道を始めとする私設鉄道を軍事上の重要性や全国統一輸送の観点から国有化することを決断する。明治39年3月に鉄道国有法が公布され、山陽鉄道は同年12月に国有化された。同法により全国で17の鉄道会社が国有化され、明治41年12月には鉄道院が発足し、全国に鉄道網を広げた。

山陽鉄道時代にも姫路までは複線化されていたが、輸送力の増強のため国有化後は複線化が重点的に進められた。明治43年10月に船坂トンネルを含む上郡～三石間の複線化に始まり、昭和17年7月の関門トンネルが開通した時点で、山陽本線神戸～門司間全線が複線化された。

また、電化についても昭和初期から工事が始まるが、戦時色が濃くなると送電線の切断により不通となるリスクを恐れて工事は中断。阪神間では私鉄の台頭が目覚ましく、対抗上、昭和9年9月までに吹田～明石間が電化されたが、姫路まで電化されたのは、戦後の昭和33年4月のことだった。

舞子駅は、山陽鉄道が明治29年7月1日に海水浴シーズンの仮乗降場として開設した。◎昭和47年5月9日　撮影：荻原二郎

相生～竜野間を走る80系電車。戦前の急行用電車の置き換えとして昭和25年10月に宮原電車区（当時）に配属された。◎昭和50年10月　撮影：野口昭雄

塩屋～垂水間を走る151系特急「ゆうなぎ」。東海道新幹線の開業で、新たに新大阪～宇野間に誕生したが、ヨンサントウの白紙ダイヤ改正で「うずしお」に統合された。◎昭和42年　撮影：安田就視

加古川駅付近を通る加古川線のキハ40系気動車。左のそごう加古川店は、現在、ヤマトヤシキ加古川店となっている。◎平成2年8月　撮影：安田就視

加古川駅に停まる山陽本線と加古川線の車両。加古川は、平成15年から16年にかけて各路線が高架になった。◎平成2年8月　撮影：安田就視

須磨～塩屋間の須磨浦海岸を走る201系普通電車。「EXPO' 90」のヘッドマークは、同年に大阪の鶴見緑地で開催された「国際花と緑の博覧会」のもの。◎平成2年5月22日　撮影：安田就視

相生駅に進入する赤穂線の223系普通電車。平成6年にJR西日本が自社開発した近郊形電車で、アーバンネットークの各路線に投入された。
◎平成22年1月25日
撮影：野沢敬次

赤穂線

塩と忠臣蔵の故郷を走る

区間▼相生～東岡山（県内は相生～備前福河）
駅数▼20駅
全通年月日▼昭和26（1951）年12月12日
路線距離▼57.4km
軌間▼1067mm
最高速度▼95km

備前福河に停まる153系電車。「新快速」として活躍したが高速運行で老朽化が進み、ローカル線の運用に回った。
◎昭和55年6月　撮影：安田就視

山陽本線のバイパス線として計画

相生から瀬戸内海沿いに東岡山までを結ぶ赤穂線は、「忠臣蔵」で有名な播州赤穂を境にその趣きが全く異なる。

播州赤穂の東側は、新快速の一部が遠く敦賀まで足を伸ばすが、西側は主に短い編成の電車が行き来する。

赤穂線は戦前、山陽本線の難所である船坂峠を回避するためのバイパス線として、昭和11年5月の帝国議会で建設予算が計上され、昭和13年7月に山陽本線の那波（現・相生）から着工されている。

御殿場を経由していた東海道本線が丹那トンネルの開通で新線に切り換えられたのと同様に、当初は赤穂線を山陽本線に編入する計画だったため高規格で建設された。

しかし、那波～赤穂間の路盤工事が終了し、同区間最大の難所である高取トンネルの掘削作業中の昭和16年12月、太平洋戦争が始まり工事は中断された。

戦後、地元の要望で工事は再開し全通

日本国有鉄道（国鉄）が昭和24年6月に発足すると沿線住民は、早速、同年8月に「赤穂線建設促進期成同盟会」を立ち上げて国鉄への陳情を行う。赤穂までは既に工事の途中だったこともあり、昭和26年7月に工事は再開し、同年12月に相生～播州赤穂間が開業した。観光地らしく休日には、大阪～播州赤穂間で臨時快速「義士」号も運転を始めている。

昭和30年3月には、小豆島フェリーが発着する日生まで延伸開業し、好評だった「義士」号は毎日運転となった。

昭和36年3月には相生～播州赤穂間が電化され、80系電車による東海道本線米原までの直通運転が始まり、現在の新快速の原型が出来上がる。一方、岡山側へは、昭和37年9月に伊部～東岡山間が開通して、赤穂線が全通する。

昭和38年4月からは、京都～大社間を伯備線経由で走る急行「だいせん」が赤穂線回りで運転されたのを始め、大阪～博多を結ぶ急行「つくし」や同じく大阪～別府間の急行「べっぷ」等いくつかの優等列車が赤穂線経由で走り、山陽本線のバイパスとしても機能した。昭和44年8月には播州赤穂～東岡山間の電化により全線電化を達成している。

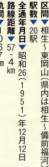

キロ数	駅名		803M		807M		813M	825M	833M	901D	945M	853M	861M	867M	875M	879M	943M	901M
	始発	…	西明石 524	…	西明石 636	…	大阪 654	京都 749	野洲 801	京都 10 20	安土 947	京都 1204	草津 12 50	米原 12 50	米原 14 17	安土 15 23	大阪 18 30	京都 1859
					1		1		1		1	1	1					
0.0	相生発	…	627	…	750	…	909	1041	1149	12 56	1322	1441	16 08	17 12	18 21	19 14	20 53	2151
3.0	西相生〃	…	632	…	755	…	913	1045	1153	↓	1326	1445	16 13	17 16	18 25	19 18	20 58	2155
7.8	坂越〃	…	638	…	801	…	919	1051	1159	↓	1332	1451	16 19	17 22	18 31	19 24	21 04	2201
10.5	播州赤穂着	…	643	…	805	…	924	1056	1204	13 07	1337	1456	16 24	17 27	18 36	19 29	21 10	2206
	駅名	811D	813D	815D	817D	819D	821D		823D		825D	827D	829D	831D	833D	835D	837D	
10.5	播州赤穂発	543	647	…	807	…	951	…	1206	13 08	1339	1501	16 28	17 32	18 38	19 42	21 19	…
14.5	天和〃	548	652	…	812	…	956	…	1211	↓	1344	1506	16 33	17 37	18 43	19 47	21 24	…
16.4	備前福河〃	551	656	…	816	…	959	…	1214	1急	1347	1509	16 36	17 40	18 46	19 50	21 27	…
19.6	寒河〃	556	701	…	821	…	1004	…	1219	(	1352	1514	16 41	17 45	18 51	19 55	21 32	…
22.1	日生〃	600	705	…	826	…	1008	…	1223	だ	1356	1523	16 45	17 50	18 55	19 59	21 36	…
27.7	伊里〃	607	712	…	833	…	1015	…	1230	いせ	1403	1532	16 52	17 57	19 02	20 06	21 43	…

赤穂線（相生～岡山間）の時刻表（昭和38年10月1日改正）。

国鉄時代の播州赤穂駅。全線電化後は戦前の旧型国電が播州赤穂から岡山間で活躍したが、昭和51年6月30日に引退した。◎昭和57年9月 撮影：安田就視

223系電車が坂越～西相生間を走る。坂越～西相生間の高取峠は、元禄14年3月、忠臣蔵の殿中刃傷を知らせる早籠が通った峠。◎平成22年1月25日 撮影：野沢敬次

摂津鉄道が明治26年12月12日に開業した伊丹駅。昭和56年に建替えられて橋上駅舎となった。◎昭和37年8月13日　撮影：荻原二郎

福知山線

尼崎から丹波路を北上する

区間▼尼崎～福知山（県内は尼崎～丹波竹田）
駅数▼30駅
全通年月日▼明治24（1891）年7月
路線距離▼106.5㎞
軌間▼1067㎜
最高速度▼120㎞

宝塚に停まるC57形蒸気機関車87号機牽引の大阪行き上り列車。手前の踏切は、清荒神への参道に続いている。◎昭和38年4月6日　撮影：荻原二郎

馬車鉄道から始まった古参路線

福知山線の歴史は、130年前の明治20年4月に遡る。伊丹の酒造家、小西壮二郎や初代尼崎町長となる伊達尊親らが川辺馬車鉄道を設立し、尼ヶ崎（後の尼崎港）～伊丹～川西間等の敷設免許を出願し、明治24年9月に尼ヶ崎～伊丹間を開通させた。しかし、馬車では酒造米や清酒などの重量物を運べず、翌年6月に蒸気機関車への動力変更と生瀬までの延伸を出願し、社名も摂津鉄道に改めた。

明治26年12月、蒸気機関車により運行が始まり伊丹～池田（現・川西池田）間も延伸開業した。

一方、大阪から海軍の鎮守府が設置された舞鶴に向けて、明治26年8月に大阪の財界人、住友吉左衛門らが阪鶴鉄道を立ち上げた。翌年7月に神崎（現・尼崎）～福知山間の鉄道敷設の仮免許を公布されると重複区間を既に開業していた摂津鉄道を明治30年2月に買収した。阪鶴鉄道は早速、軌間を官営鉄道と同じ1067ミリメートルに改軌し、翌年には神崎～塚口間に東海道線との連絡線を設置、9月から大阪乗り入れを果たした。その後も、同社は順次、北への延伸開業を繰り返し、明治32年7月には、福知山南口（福知を経て廃止）まで到達。大阪～福知山南口間で直通列車を運行し、翌年5月には京都まで延長運転するようになった。

阪鶴鉄道が大阪～舞鶴間で直通運転

福知山から当初の目的地であった舞鶴へは、京都鉄道が敷設免許を受けたが資金不足で開業に至らず、日露戦争の勃発で軍事的重要性が増したため、明治政府が直接、工事を行うことになる。明治37年11月に福知山～綾部～新舞鶴（現・東舞鶴）が開業。阪鶴鉄道も福知山南口～福知山間を建設し、接続する官営鉄道が無かったため同区間は阪鶴鉄道に運行が委託され、同社は新舞鶴～大阪間で直通運転を始めた。

しかし、1年半後の明治39年3月には、鉄道国有化法が公布され、阪鶴鉄道も翌年8月には国有化された。明治45年3月、山陰本線の京都～出雲今市（現・出雲市）間が全通し、旧阪鶴鉄道の路線は、山陰本線、舞鶴線、福知山線に分離され、現在の福知山線が出来上がった。

キロ数	駅名	431D	721	711	423D	3423D	723	7D	725	701	713	727	425D	715	427D	705D		
	京都発 730┐																	
0.0	大阪 発	…	…	558	706	728	736	805	837	930	1007	1100	…	1227	1342	1400	…	…
7.7	尼崎 〃	…	…	608	713	735	746	レ	847	レ	1018	1110	…	1237	1349	レ	…	…
10.2	塚口 〃	…	…	615	718	740	751	1	852	レ	1023	1115	…	1241	1354	レ	…	…
13.5	伊丹 〃	…	…	621	723	745	800	特急	859	1急	1029	1121	…	1247	1401	1準	…	…
15.6	北伊丹 〃	…	…	625	726	レ	806	レ	903	レ	1033	1125	…	1251	1405	レ	…	…
18.9	川西池田 〃	…	…	633	734	752	827	レ	909	レ	1041	1131	…	1256	1424	レ	…	…
22.2	中山寺 〃	…	…	642	742	758	834	レ	916	レ	1050	1138	…	1303	1433	レ	…	…
25.5	宝塚 〃	…	…	648	746	803	839	レ	921	1001	1055	1144	…	1308	1439	1429	…	…
27.4	生瀬 〃	…	…	652	750	レ	843	レ	929	レ	1100	1153	…	1313	1443	レ	…	…
33.8	武田尾 〃	…	…	702	800	820	857	レ	941	レ	1110	1210	…	1323	1457	レ	…	…
39.6	道場 〃	…	…	711	808	レ	915	レ	951	レ	1119	1220	…	1332	1506	レ	…	…
43.2	三田 着	…	…	717	815	835	921	レ	959	1025	1124	1226	…	1337	1511	1451	…	…
	三田 発	…	…	718	816	園	923	レ	1003	1026	1126	1228	…	1338	1513	1452	…	…
49.2	広野 〃	…	…	726	828	(休日運転)	931	レ	1011	レ	1134	1237	…	1346	1520	レ	(以下215頁・宮津線舞鶴線経由城崎着1858)	…
53.5	相野 〃	…	…	733	836		938	(まつかぜ)	1018	(三瓶)	1147	1244	…	1356	1526	(丹波1号)		…
57.7	藍本 〃	…	…	742	848		944		1024		1153	1251	…	1402	1533			…
60.0	草野 〃	…	…	レ	852	…	レ		レ		レ	レ	…	レ	1537			…
63.0	古市 〃	…	…	750	857	…	952		1033		1202	1259	…	1411	1542			…
65.6	南矢代 〃	…	…	レ	901	…	レ	園	レ	レ	レ	レ	…	レ	1546	園		…
67.9	篠山口 着	…	…	756	904	…	957	レ	1039	1054	1209	1306	…	1417	1549	1517		…
	篠山口 発	547	629	759	922	…	958	レ	…	1054	1214	…	1312	1419	1553	1517		…
70.2	丹波大山 〃	551	633	804	926	…	1003	全	…	1	1218	…	1316	1423	1557	レ		…
78.2	下滝 〃	602	644	814	936	…	1015		…		1228	…	1330	1434	1607	レ		…
82.5	谷川 〃	609	651	820	943	…	1023	レ	…	レ	1236	…	1337	1444	1612	1534		
89.5	柏原 〃	619	705	832	954	…	1036		(大社着1813)	1122	1250	…	1349	1456	1622	1545		(松江福知山間)
92.7	石生 〃	623	715	837	958	…	1042	レ		レ	1257	…	1354	1501	1626	レ		
97.0	黒井 〃	628	725	843	1003	…	1053	レ		レ	1308	…	1401	1507	1631	レ		
103.5	市島 〃	636	735	851	1011	…	1101	レ		レ	1316	…	1410	1515	1639	レ	2705D	
107.7	丹波竹田 〃	645	745	856	1016	…	1109	レ	2701	レ	1323	…	1415	1520	1644	レ	1準	801D
116.0	福知山 着	654	756	908	1027	…	1120	958	急	1151	1335	…	1425	1532	1653	1610	→	1急

大阪——三田——篠山口——福知山（福知山線） 列車番号400台=

駅名	2801D	729	429D	731	733	735	707D	737	431D	717		433D	3703
大阪 発	1500	1520	1621	1708	1750	1835	1930	1944	2120	2158	(大阪出雲市間) 6	2253	2310
尼崎 〃	レ	1529	1628	1717	1801	1845	レ	1953	2128	2208		2301	レ
塚口 〃	レ	1534	1633	1722	1808	1850	レ	1958	2137	2213		2305	[illegible]
伊丹 〃	1急	1540	1638	1728	1814	1857	1準	2003	2145	2220		2310	レ
北伊丹 〃	レ	1544	1641	1732	1818	1901	レ	2008	2148	レ		レ	レ
川西池田 〃	レ	1551	1648	1739	1824	1907	レ	2016	2153	2229		2319	レ
中山寺 〃	レ	1557	1653	1748	1833	1913	レ	2022	2159	レ		2325	レ
宝塚 〃	1526	1603	1657	1754	1839	1921	2002	2029	2203	2242		2330	2348
生瀬 〃	レ	1608	1704	1759	1843	1932	レ	2037	2207	レ	…	2342	レ
武田尾 〃	レ	1621	1713	1813	1853	1947	レ	2049	2217	1	…	2351	レ
道場 〃	レ	1630	1722	1822	1902	1956	レ	2100	2225	レ	…	2400	レ
三田 着	1549	1636	1728	1828	1908	2002	2029	2107	2230	2309	…	005	014
三田 発	1549	1640	1729	1830	1912	2002	2030	2109	2231	2315	…	…	016
広野 〃	レ	1649	1736	1838	1925	2014	レ	2118	2238	レ	…	…	レ
相野 〃	(白兎)	1656	1742	1845	1933	2021	(丹波2号)	2125	2244	レ	…	(「座席指定券」で乗車できます 一般の方も、号車を指定した)	(団体専用 山陰観光)
藍本 〃		1702	1748	1855	1939	2027		2141	2256	レ	…		
草野 〃		レ	1752	レ	レ	2032		レ	2300	レ	…		
古市 〃		1711	1757	1906	1947	2038		2149	2306	レ	…		
南矢代 〃	園	レ	1801	レ	レ	2042	園	レ	2310	レ	…		
篠山口 着	1615	1717	1805	1912	1952	2046	2055	2154	2314	2344	…		043
篠山口 発	1616	1719	1810	1913	2000	…	2055	2155	…	2345	…		044
丹波大山 〃	1	1723	1814	1918	2005	…	レ	2200	…	レ	…		(金・土曜運転 3月7日まで)
下滝 〃		1735	1828	1930	2016	…	レ	2215	…	レ	…		
谷川 〃	レ	1742	1836	1943	2032	…	レ	2223	…	003	…		
柏原 〃	1640	1759	1846	1958	2045	…	2120	2237	…	016	…		
石生 〃	レ	1809	1855	2005	2050	…	2124	2242	…	021	…		
黒井 〃	レ	1815	1900	2012	2058	…	レ	2253	…	027	(大社着056)		
市島 〃	レ	1823	1907	2022	2107	…	レ	2301	…	レ			
丹波竹田 〃	レ	1832	1918	2029	2121	…	レ	2307	…	レ			レ
福知山 着	1708	1843	1930	2042	2133	…	2148	2319	…	049		…	140

福知山線（大阪～福知山）の時刻表（昭和38年10月1日改正）。

阪鶴鉄道が明治30年12月27日に開業した宝塚駅。阪急電鉄の宝塚駅とは国道176号を挟んで向かい合っていた。◎昭和38年4月6日　撮影：荻原二郎

川西池田駅は、摂津鉄道の開業時は終点で池田駅を名乗っていた。戦後、昭和26年8月1日に改称した。◎昭和36年8月11日　撮影：荻原二郎

キハ55系の準急「丹波」が丹波竹田～福知山間を走る。6両編成のうち3両は、舞鶴線、宮津線経由で豊岡から城崎（現：城崎温泉）へ向かい、3両はそのまま山陰本線を城崎へ向かった。宮津線回りは1時間18分遅れて城崎に着く。◎昭和35年　提供：朝日新聞社

篠山口に入線してきたC57形152号機牽引の客車列車。ホームでは、荷物車からの荷物を待ち受ける駅員の姿がある。◎昭和36年5月1日　撮影：荻原二郎

谷川に停まるキハ82系特急「やくも」(右)とキハ58系急行。キハ82系は、初の特急用気動車として開発されたキハ81系の改良型。昭和36年から製造され、同年10月の白紙ダイヤ改正では全国に気動車特急が設定された。◎昭和41年6月5日　撮影：荻原二郎

末期にはキハ65形の改造車2両で運行された急行「だいせん」。この車両は、特急「エーデル北近畿」に使われた車両で、平成11年に「エーデル北近畿」が廃止されたため転用された。川西池田～北伊丹にて。◎平成13年8月24日 撮影：野沢敬次

昭和61年10月15日に複線化されたばかりの新三田付近。新三田駅は、同年11月1日に開業し、北摂三田ニュータウンへの玄関口として、住宅地のウッディタウンや工業団地のテクノパーク等へ神姫バスが連絡している。◎昭和62年7月　撮影：安田就視

南矢代～古市間を行く113系電車。JR化後は塗装を路線毎に色分けされ、福知山線には黄色系統が使われた。◎昭和62年7月　撮影：安田就視

三田～道場間を走る103系電車の大阪行き各駅停車。103系は、国鉄時代に通勤型車両として大量投入され、各JRに引き継がれて各社毎に様々な改造がなされた。大阪環状線の103系は平成29年10月3日に引退。◎平成8年12月30日　撮影：野沢敬次

古市～草野間を走る183系特急「北近畿」。昭和61年11月1日の宝塚～城崎（現・城崎温泉）間の電化完成により登場。◎平成9年4月19日　撮影：野沢敬次

谷川に停まるキハ06形44号。谷川は福知山線との接続駅で、反対ホームには蒸気機関車が牽引する福知山線の客車が停まっている。◎昭和36年8月11日 撮影：荻原二郎

播州平野に支線を伸ばした 加古川線

区間▼加古川～谷川（全区間県内）
駅数▼21駅
全通年月日▼大正2（1913）年4月1日
路線距離▼48.5km
軌間▼1067mm
最高速度▼85km

野村（現・西脇市）駅付近のキハユニ15形ほか。キハユニ15形は、郵便車と荷物車そして普通客車の3つの役割を持っていた。◎昭和36年8月11日　撮影：荻原二郎

加古川水系の舟運を鉄道事業化

平成16年12月に全線が電化されたもののローカル線色が強い加古川線だが、かつては3本の支線を持つ基幹路線だった。播州平野は古くから栄え、織物、金物、酒米などの輸送にはもっぱら加古川水系の舟が利用されていた。

明治も末になると物流近代化の機運が高まり、明治43年11月、沿線の大地主であった斯波与七郎らが軽便鉄道の播州鉄道を計画。高砂～西脇間とそれに繋がる三木、北条、粟津への支線を出願した。翌年1月には免許が交付され、5月に播州鉄道の創立総会が開かれる。大正2年4月、加古川の架橋工事が遅れたため加古川町（現・加古川）～国包（現・厄神）間が先行開業し、同年8月に国包～西脇間も開通した。

この年、播磨の実業家、伊藤英一が播州鉄道を買収し、積極的に路線網を拡大した。加古川支流の万願寺川沿いには、大正4年3月に支線の北条線（粟生～北条町）を開業させ、美嚢川沿いには、大正5年11月に国包～別所間、翌年1月に別所～三木間を開通させて三木線とした。

播州鉄道が倒産し播丹鉄道として再生

しかし、播州鉄道の経営は大正7年にバス路線ができると急速に悪化した。集落の少ない加古川西岸に路線を敷いた鉄道に対して、バス路線は、東岸の集落を結び加古川から明石に直通運行して乗客を奪っていった。第一次世界大戦の終結で不況に見舞われるとグループ企業間で負債をやり繰りして凌いでいたが、大正11年10月に経営が行き詰る。

一時は「兵庫の鉄道王」と呼ばれた伊藤英一の事業はここに終焉を迎え、播州鉄道には膨大な負債が残された。

大正12年4月、負債を抱えた播州鉄道の解散が決まり、同年12月に播丹鉄道として再出発した。東急グループの総帥となる五島慶太も副社長として参画し、翌年12月には、野村（現・西脇市）～谷川間も開通して加古川線は全通。

そして、昭和16年に太平洋戦争が始まると沿線に鶉野飛行場や青野ヶ原演習場などの軍事施設や軍需工場が多かった播丹鉄道は、昭和18年6月に国有化され、加古川線、鍛冶屋線、北条線、三木線となった。

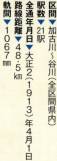

38.11. 1 訂補　加古川――三木・西脇――鍛冶屋 図

線名	キロ数	駅名	511D	713D	715D		717D	515D	517D	719D	721D	519D	723D	521D	725D
加古川線	0.0	囲⊖加古川発	…	546	622	…	658	714	748	804	905	…	1000	…	1100
	2.3	日岡〃	…	550	626	…	702	721	755	808	909	…	1004	…	1104
	4.8	神野〃	…	554	631	…	706	726	759	813	913	…	1008	…	1108
	7.4	厄神着	…	559	635	…	711	730	804	817	918	…	1013	…	1113
三木線	7.4	厄神発	602	｜	640	┌（三木厄神間513D）	｜	732	807	｜	｜	921	｜	1016	｜
	8.4	国包〃	605	｜	643		｜	735	810	｜	｜	924	｜	1018	｜
	10.0	石野〃	609	｜	647		｜	739	814	｜	｜	928	｜	1022	｜
	12.7	別所〃	614	｜	652		｜	744	819	｜	｜	933	｜	1027	｜
	14.2	三木着	617	｜	655		｜	747	822	｜	｜	936	｜	1030	｜
加古川線	7.4	厄神発	…	559	（加古川厄神間休日運休）	…	713	…	…	817	919	…	1013	…	1113
	11.5	市場〃	…	605		…	719	…	…	823	925	…	1019	…	1119
	13.7	小野町〃	…	609		…	724	…	…	827	929	…	1023	…	1123
	16.6	粟生〃	…	621		…	730	…	…	833	934	↴北条町着1023	1029	…	1129
	19.2	河合西〃	…	625		…	735	…	…	837	938		1033	…	1133
	21.3	青野ケ原〃	…	630		…	739	818D	…	841	942		1037	…	1137
	24.2	社町〃	…	640		…	744	谷川発742	…	846	947		1042	…	1144
	27.3	滝野〃	…	645	…	…	750		…	851	953	…	1048	…	1149
	28.4	滝〃	…	648	…	…	753		…	854	955	…	1050	…	1152
鍛冶屋線	31.2	⊖野村〃	711D	655	↴谷川着730	…	759	820	…	900	1001	…	1059	…	1158
	32.8	西脇〃	600	702		…	807	823	…	906	1006	…	1104	…	1206
	35.9	市原〃	606	708		…	812		…	912	1012	…	1110	…	1212
	38.2	羽安〃	610	712		…	816	…	…	916	1016	…	1114	…	1216
	40.0	曽我井〃	614	716	…	…	820	…	…	920	1020	…	1118	…	1220
	42.1	中村町〃	618	720	…	…	824	…	…	924	1024	…	1122	…	1224
	44.4	鍛冶屋着	622	724	…	…	828	…	…	928	1028	…	1126	…	1228

駅名	523D	727D	729D	525D	527D	731D	733D		735D	529D	737D	739D	531D
加古川発	1136	1202	1310	…	1401	1421	1522	…	1603	…	1626	1703	1712
日岡〃	1141	1206	1314	…	1405	1425	1526	…	1607	…	1630	1707	1718
神野〃	1148	1210	1319	…	1409	1429	1530	…	1614	…	1635	1714	1723
厄神着	1152	1215	1323	…	1414	1434	1535	…	1618	↴	1639	1718	1727
厄神発	1153	｜	｜	1327	1421	｜	｜	…	｜	1623	｜	｜	1729
国包〃	1156	｜	｜	1330	1424	｜	｜	…	｜	1626	｜	｜	1731
石野〃	1200	｜	｜	1334	1429	｜	｜	…	｜	1630	｜	｜	1735
別所〃	1206	｜	｜	1339	1435	｜	｜	…	｜	1635	｜	｜	1740
三木着	1209	｜	｜	1342	1438	｜	｜	…	｜	1638	｜	｜	1743
厄神発	…	1215	1324	…	…	1434	1535	…	1620	…	1639	1719	…
市場〃	…	1221	1330	…	…	1440	1541	…	1626	…	1645	1725	…
小野町〃	…	1225	1334	…	…	1444	1545	…	1630	…	1649	1729	…
粟生〃	…	1231	1341	…	…	1451	1551	↴北条町着1623	1634	…	1655	1733	…
河合西〃	…	1235	1345	…	…	1455	1555			…	1659	1738	…
青野ケ原〃	…	1239	1349	…	…	1500	1559		…	828D	1703	1742	…
社町〃	…	1244	1355	…	…	1505	1604		…	谷川発1615	1708	1747	…
滝野〃	…	1249	1400	…	…	1511	1610	…	…		1714	1752	…
滝〃	…	1252	1403	…	…	1514	1612	…	…		1716	1754	…
野村〃	↴	1257	1408	761D	↰	1522	1621	…	…	1649	1721	1800	…
西脇〃	谷川着1233	1301	1411	1416	谷川着1605	1527	1628	…	…	1652	1727	1803	…
市原〃		1307		1423		1533	1634	…	…		1733		…
羽安〃		1311	…	1429		1537	1638	…	…	…	1737	…	…
曽我井〃	…	1315	…	1433	…	1541	1642	…	…	…	1741	…	…
中村町〃	…	1319	…	1438	…	1545	1646	…	…	…	1745	…	…
鍛冶屋着	…	1323	…	1444	…	1549	1650	…	…	…	1749	…	…

38.10. 1 改正　野村――谷川

キロ数	駅名		811D	813D		815D	817D	819D		821D	823D		825D	827D		829D		831D	833D	835D	837D
0.0	⊖野村発	┌	519	613	┌	657	818	930	┌	1200	1411	┌	1532	1618	┌	1702	┌	1801	1840	1958	2111
1.1	新西脇〃	西脇発507	522	616	加古川発546	700	821	933	加古川発1100	1203	1414	加古川発1421	1535	1621	西脇発1657	1705	西脇発1751	1804	1843	2001	2114
3.4	比延〃		526	620		704	825	937		1207	1418		1539	1625		1709		1808	1847	2005	2118
7.3	黒田庄〃		532	628		710	831	945		1213	1424		1545	1633		1717		1814	1855	2011	2128
10.8	本黒田〃		539	635		717	837	951		1220	1430		1552	1639		1724		1820	1902	2018	2135
12.6	船町口〃		543	639		721	840	955		1224	1434		1556	1643		1728		1824	1906	2022	2139
15.1	久下村〃		548	644		726	845	1000		1229	1439		1601	1648		1733		1829	1911	2027	2144
17.3	⊖谷川着		552	648		730	849	1004		1233	1443		1605	1652		1737		1833	1915	2031	2148

加古川線・三木線・鍛冶屋線の時刻表（昭和38年11月1日訂補）。

小野町～粟生間で万願寺川を渡るキハ40形気動車。JR化後は加古川線色と言われる塗装になった。◎平成2年8月20日　撮影：安田就視

JR加古川線、北条鉄道、神戸電鉄という3つの異なる会社が集まる粟生駅。北条鉄道は、国鉄時代は加古川線にも乗り入れていた。なお、この駅舎は平成21年に建て替え。◎平成2年8月20日　撮影：安田就視

粟生駅に集う各路線の車両たち。左奥が北条鉄道、跨線橋の下と手前が加古川線、その後ろが神戸電鉄。◎平成2年8月20日　撮影：安田就視

DE10形ディーゼル機関車が牽引する50系客車。50系は旧型客車の置き換えで投入されたが、運用の容易な気動車に替えられて短命に終わった。寺前～新野間にて。◎昭和58年10月、撮影：安田就視

播但線

姫路から生野銀山を目指した

区間▼姫路～和田山（全区間県内）
駅数▼18駅
全通年月日▼明治27（1894）年7月26日
路線距離▼65.7km
軌間▼1067mm
最高速度▼110km

C57三重連が甘地～福崎間を走る。スキー列車を増発した機関車の回送とはいえ636レは、冬の播但線の名物列車となった。◎昭和57年2月19日　撮影：安田就視

「銀の馬車道」の鉄道への転換を計画

播但線の歴史も苦難に満ちている。そもそも和田山を目指した鉄道ではなく、生野鉱山の鉱石輸送を目論んで計画された。明治政府は明治9年、生野～飾磨港間に「生野鉱山寮馬車道（銀の馬車道）」を完成させ、舟運から馬車輸送に切り替えた。これをさらに鉄道に変えようと生野の有力者・内藤利八や浅田貞次郎らが、簡易軌道を道路上に敷設する計画を県知事に出願し、明治21年5月に交付された。

一方、海軍の鎮守府が置かれた舞鶴に向けて広島出身の政治家・藤田高之らが、明治22年4月に飾磨～生野～福知山～舞鶴間を出願したが、同年10月には内藤らの計画に合流し、播但鉄道として再出願を行った。

しかし、既に「銀の馬車道」がある鉱石輸送の採算性や、山陽と山陰を連絡する「陰陽連絡線」のルート選定が政府内で難航し、認可は下りずにいた。その後、明治26年2月に「陰陽連絡線」のルートが決まり、播但鉄道にも同年6月に飾磨～生野間の本免許が交付された。

国有化で城崎～福知山間も播但線となる

播但鉄道は明治26年11月に生野～和田山間の免許も出願し、翌年2月から飾磨～生野間の建設が始まる。同年7月には姫路～寺前間が開業し、姫路で山陽鉄道と接続した。

そして、明治28年7月には、飾磨～生野間が全通した。残念ながら明治政府が危惧したとおり生野鉱山からの鉱石輸送は振るわず、開業当初から山陽鉄道への身売り話が出ていた。播但鉄道は、相次いで運賃を値上げして業績の立て直しを図ったが、明治34年8月、難航していた生野トンネルの貫通により生野～新井間を延伸してとうとう力尽きた。

翌年10月、播但鉄道は山陽鉄道への事業譲渡を決議し、明治36年5月解散した。山陽鉄道は、明治39年4月に新井～和田山間を開業して現在の播但線を全通させたが、同年12月には国有化される。当時、山陰本線は全通しておらず、明治42年に制定された線路名称では、飾磨～姫路～生野～和田山～城崎（現・城崎温泉）が播但線となり、その後開通した城崎～香住間や和田山～福知山間も播但線となった。

キロ数	駅名	641D	643D	611	613	645D	607D	647D	649D	651D	653D	3605	615
0.0	(急)[弁]○姫路発	…	616	717	832	941	1019	1048	1149	1248	1358	1429	1449
1.7	京口〃	…	620	721	837	946	レ	1052	1153	1252	1402	レ	1453
3.9	野里〃	…	625	726	842	954	準	1100	1157	1257	1406	1準	1458
6.0	砥堀〃	…	園	731	レ	園	レ	園	1201	園	園	(ゆあみ)	1503
8.2	仁豊野〃	…	634	736	852	1000	レ	1106	1206	1304	1413		1509
11.2	香呂〃	…	640	742	858	1005	レ	1111	1211	1309	1418		1514
13.2	溝口〃	…	645	747	909	1010	レ	1116	1215	1313	1422		1519
17.1	福崎〃	…	651	754	916	1016	1041	1122	1221	1319	1429	レ	1528
20.6	甘地〃	…	656	802	922	1021	(但馬2号)	1127	1226		1435	(土曜運転)	1534
24.5	鶴居〃	…	701	813	929	1030		1132	1234	…	1441		1541
27.7	新野〃	…	707	819	レ	1035		レ	1239	…	レ		1547
29.6	寺前〃	…	711	824	938	1039		1140	1244	…	1449	1510	1552
35.9	長谷〃	園	722		950		園	1150	1254	…	1459	1525	
43.6	[弁]生野〃	616	736	…	1005	…	1116	1204	1311	…	1518	レ	…
51.9	新井〃	624	744	…	1015	…	レ	1213	1322	…	1530	レ	…
55.6	青倉〃	629	749	…	1021	…	レ	1218	1327	…	1535	レ	…
59.9	竹田〃	634	755	…	1027	…	レ	1223	1332	…	1541	レ	…
65.7	[弁]○和田山着	641	801	…	1034	…	1136	1229	1339	…	1548	1602	…

キロ数	駅名	655D	617	619	621	605D	623	625	627	657D	659D	629
0.0	(急)[弁]○姫路発	1604	1643	1715	1738	1827	1844	1907	1937	2112	2205	2320
1.7	京口〃	1608	1648	1723	1743	レ	1848	1912	1942	2117	2212	2324
3.9	野里〃	1612	1656	1728	1750	1準	1856	1918	1947	2121	2217	2329
6.0	砥堀〃	園	レ	1733	レ	(但馬1号)	1901	レ	レ	2125	園	2333
8.2	仁豊野〃	1618	1704	1738	1759		1907	1926	1954	2129	2223	2343
11.2	香呂〃	1623	1714	1744	1808		1912	1934	2000	2134	2228	2348
13.2	溝口〃	1628	1720	1749	1814		1917	1940	2005	2139	2233	2353
17.1	福崎〃	1633	1728	1756	1824	1849	1924	1947	2012	2146	2239	2400
20.6	甘地〃	1638	1735	1803	1831	園	1930	1954	2018	2151	2244	006
24.5	鶴居〃	1644	1742	1810	1840	レ	1937	2002	2025	2156	2250	013
27.7	新野〃	レ	1748	1817	1848	レ	1944	2008	2031	2202	2255	020
29.6	寺前〃	1655	1753	1824	1854	レ	1956	2013	2037	2206	2259	025
35.9	長谷〃	1705		1836		レ	2008		2049	2216		
43.6	[弁]生野〃	1717	…	1858	…	1925	2025	(運休日休)	2103	2248	…	…
51.9	新井〃	1726	…	1909	…	1934	2039		2114	2257	…	…
55.6	青倉〃	1731	…	1915	…	レ	2044		2119	2302	…	…
59.9	竹田〃	1736	…	1921	…	レ	2051	…	2126	2308	…	…
65.7	[弁]○和田山着	1743	…	1929	…	1946	2058	…	2133	2315	…	…

浜坂着1310┘　園　└城崎着 1657（以下200頁）　鳥取着 2152┘（以下201頁）

播但線（姫路～和田山）の時刻表（昭和38年11月1日改正）。

コスモス咲く新野～寺前間を走るキハ181系特急「はまかぜ」。昭和47年3月に「はまかぜ」は登場した。◎平成7年10月21日　撮影：野沢敬次

C5711号機が旧型客車を牽いて溝口～福崎間を走る。特急「かもめ」牽引時代の門司鉄道管理局製デフレクターに集煙装置や重油併燃装置が付けられた独特の外観だった。◎昭和47年1月　撮影：浦濵晃彦

福崎～甘地間を行く気動車。右からキハ35形、キハ47形、キハ40形。節約で塗装は1色となった。◎昭和56年2月16日　撮影：安田就視

播但線のC57三重連も伯備線布原のD51三重連と同様に機関車回送のための運用だったが、運行日には多数のSLファンが詰めかけた。新井～生野間にて。◎昭和47年2月19日　撮影：安田就視

C57 156

長谷駅で行き違いをするDD54形ディーゼル機関車とキハ35形気動車。DD54は当時の西ドイツのマイバッハ社などからライセンスを受けて三菱重工業が製造した機関車だったが、故障が多く短命に終わった。◎昭和53年4月12日　撮影：香山武慶

キハ35形を先頭に寺前～長谷間で市川を渡る気動車。前から5両目には、荷物車も連結している。◎昭和53年6月15日　撮影：香山武慶

平成7年1月17日の阪神淡路大震災により播但線も迂回ルートとして使われ、香呂～溝口間を走る特急「スーパーはくと」。◎平成7年3月4日　撮影：前田雅美

この日から播但線は姫路～寺前間が電化し、祝賀のヘッドマークを付け短編成に改造された103系3500番台の電車が颯爽と走った。溝口～香呂間にて。◎平成10年3月14日　撮影：前田雅美

竹田城址から見た青倉～竹田間を走るDD54牽引の貨物列車。最後は播但線で運用され、この撮影年に引退した。◎昭和53年3月13日　撮影：香山武慶

キハ47形2連が千本～西栗栖間を走る。キハ47形はキハ40系列の中で、比較的乗客が多い路線向けに運転台を片方にして客室を広げ、扉も両開きの車両。◎平成10年11月11日　撮影：安田就視

兵庫・岡山両方から建設した
姫新線

区間▼姫路～新見（県内は姫路～上月）
駅数▼36駅
全通年月日▼大正12（1923）年8月21日
路線距離▼158.1km
軌間▼1067mm
最高速度▼100km

三日月～西栗栖間を走る混成の気動車。1両目がキハ35形、2両目がキハ40形で最後尾（4両目）がキハ20形。キハ40形が一番新しく、昭和52年から57年にかけて旧型車を置き換えていった。◎昭和56年11月　撮影：安田就視

岡山県側から建設が進んだ路線

城下町・姫路から中国山地に分け入り、佐用で智頭急行、東津山で因美線、津山で津山線、新見で伯備線と4つの路線と接続し、山陰地方と山陽地方を縦糸のように結ぶ陰陽連絡線を横糸として繋げている姫新線。

しかし、今や全区間を直通する列車は1本も無く、横糸の役目はほぼ終わったようで近隣区間の輸送に徹している。

このうち、兵庫県内の姫路～上月間は、平成22年3月に高速化工事が完了して、列車のスピードアップや増発がなされ、姫路や加古川方面への通勤客も多い。しかし岡山県側、特に津山以西は、ますますローカル線化しているのが現状である。

最初に開通したのは、実は岡山県の津山～美作追分間で、大正12年8月のことだった。作備線と呼ばれ、翌年5月には美作追分～久世間、大正14年3月には、久世～中国勝山間と順次延伸して、昭和5年12月には、津山～新見間の作備線が全通した。

兵庫県側は地元の「我田引鉄」で難航

一方の兵庫県側は、大正11年には改正鉄道敷設法の予定線リストに姫津線として姫路～津山間の鉄道建設が掲載されたにも関わらず、龍野を始めとする沿線自治体の間で、ルートの選定や駅の設置を巡って熾烈な誘致合戦が起こり、着工できずにいた。

工事が始まるのは昭和2年4月のこと。しかし、途中の駅の設置場所等で協議が難航し、工事は中断を余儀なくされた。昭和5年9月になってようやく姫路～余部間が姫津線として開業し、昭和9年3月には三日月まで延伸した。

津山側からも工事が進められ、昭和9年11月に東津山～美作江見間が開通。それぞれ姫路側を姫津東線、津山側を姫津西線と改称した。難所となっていた県境の万ノ峠は、播美鉄道が放棄したトンネル等を買い取り工事を進め、昭和11年4月に佐用～美作江見間が開通して、姫津線は全通した。そして、同年10月に既に全通していた作備線等と合わせて姫新線となった。

38.10. 1 改正　　姫路——津山——新見　　（姫新線・下り）

キロ数	駅名	811	831D	813	831	815	833	851D	853D	817	855D	819	857D	809D	606D	821	3833	837D
0.0	姫路発	…	…	448	617	704	805	…	915	951	1116	1233	1339	1404	「大阪発1245」	1455	1556	…
3.8	播磨高岡〃	…	…	454	625	711	811	…	921	957	1122	1239	1345	レ		1501	1602	…
6.1	余部〃	…	…	459	628	715	816	…	927	1002	1127	1244	1349	1準		1506	1607	…
9.9	太市〃	…	…	505	636	724	822	…	934	1008	1133	1250	1356	レ		1512	1613	…
14.9	本竜野〃	…	…	515	646	737	832	…	944	1018	1142	1300	1406	1421	…	1523	1623	…
17.8	東觜崎〃	…	…	520	651	742	837	園	953	1023	1147	1305	1413	レ	…	1529	1628	…
22.1	播磨新宮〃	…	…	527	657	750	843	853	1000	1031	1156	1312	1419	1430	…	1540	1638	…
27.6	千本〃	…	…	536		759		902		1040	1207	1321		（みささ）	…	1549	1648	…
31.2	西栗栖〃	…	…	544	（休日運休）	806	…	910	園	1048	1215	1328	園		…	1558	1656	…
36.6	三日月〃	…	…	556		817	…	919	…	1058	1224	1342	…		準	1609	1708	…
42.5	播磨徳久〃	…	…	605		829	…	926	…	1106	1232	1352	…		（ひるぜん）（みまさか2号）	1618	1716	…
45.9	佐用〃	…	…	617	…	840	…	934	…	1115	1242	1402	…	1459		1633	1724	…
50.9	上月〃	…	…	625	…	851	…	941	…	1122	1248	1409	…	レ		1643		…
57.6	美作土居〃	…	…	640	…	906	…	…	…	1137	園	1425	…	園		1659	…	…
63.0	美作江見〃	…	…	648	…	914	…	…	…	1145	…	1433	…	レ		1707	…	…
66.4	楢原〃	…	…	655	…	921	…	…	…	1152	…	1439	…	レ		1713	…	…
70.4	林野〃	…	…	701	…	927	…	（津山鳥取間629D）	835D	1158	…	1445	…	1528		1719	…	…
74.3	勝間田〃	…	…	707	…	934	…		園	1204	…	1452	…	レ	園	1726	…	…
77.3	西勝間田〃	…	…	715	…	942	…		鳥取発933	1212	…	1459	…	レ	岡山発1415	1733	…	…
79.3	美作大崎〃	…	…	719	…	946	…			1216	…	1503	…	レ		1737	…	…
83.7	東津山〃	…	…	726	833D	953	…			1223	…	1514	…	レ		1750	…	…
86.3	津山着	…	園	731	園	958	…	└	1139	1228	…	1519	…	1546	1539	1755	…	園
	津山発	524	638	739	913	1014	…	…	1143	1237	…	1527	…	1552	1600	1800	…	1856
90.8	院庄〃	531	644	746	923	1021	…	…	1149	1245	…	1535	…	↳	レ	1808	…	1902
95.6	美作千代〃	538	650	753	929	1028	…	…	1156	1252	…	1542	…	上井着1806	レ	1816	…	1909
98.3	坪井〃	543	658	758	934	1033	…	…	1201	1257	…	1547	…		レ	1822	…	1915
103.9	美作追分〃	553	711	812	943	1043	…	…	1217	1307	…	1557	…		レ	1834	…	1924
110.9	美作落合〃	602	720	822	951	1052	…	…	1225	1316	…	1606	…	（因美経由）	1633	1843	…	1932
114.6	古見〃	608	725	828	956	1058	…	…		1322	…	1612	…		レ	1849	…	1938
118.9	久世〃	615	732	838	1002	1105	…	…	…	1329	…	1619	…		1642	1858	…	1943

キロ数	駅名	823	835		805D	837	861D	825	839	841	863D
0.0	姫路発	1702	1741	「大阪発1702」	1821	1843	1911	1937	2032	2203	2327
3.8	播磨高岡〃	1708	1748		レ	1849	1917	1943	2039	2209	2333
6.1	余部〃	1713	1755		準	1855	1921	1948	2044	2214	2337
9.9	太市〃	1719	1802		レ	1902	1928	1956	2053	2221	2344
14.9	本竜野〃	1729	1812	（大阪姫路間605D 準）	1839	1912	1936	2005	2103	2230	2352
17.8	東觜崎〃	1736	1817		レ	1917	1944	2010	2108	2237	2358
22.1	播磨新宮〃	1743	1825		1851	1924	1951	2017	2117	2244	005
27.6	千本〃	1753	1834		（みまさか1号）		2001	2026	2126		
31.2	西栗栖〃	1804	1841			…	2008	2034	2135	…	園
36.6	三日月〃	1814	1853			…	2017	2044	2146	…	…
42.5	播磨徳久〃	1822	1903	「但馬1号」		…	2025	2052	2158	…	…
45.9	佐用〃	1836	1911		1925	…	2033	2103	2206	…	…
50.9	上月〃	1846	1918		レ	…	2040	2110		…	…
57.6	美作土居〃	1902	…		園	…	園	2126	…	…	…
63.0	美作江見〃	1910	…	…	レ	…	…	2134	…	…	…
66.4	楢原〃	1916	…	…	レ	…	…	2141	…	…	…
70.4	林野〃	1922	…	…	1953	…	…	2147	…	…	…
74.3	勝間田〃	1929	…	…	レ	…	…	2153	…	…	…
77.3	西勝間田〃	1936	…	…	レ	…	…	2201	…	…	…
79.3	美作大崎〃	1940	…	…	レ	…	…	2205	…	…	…
83.7	東津山〃	1948	…	…	レ	…	…	2212	…	…	…
86.3	津山着	1953	…	…	2011	…	…	2217	…	…	…
	津山発	2026	…	…	2017	…	…	…	…	…	…
90.8	院庄〃	2033	…	…	レ	…	…	…	…	…	…
95.6	美作千代〃	2040	…	…	レ	…	…	…	…	…	…
98.3	坪井〃	2045	…	…	レ	…	…	…	…	…	…
103.9	美作追分〃	2055	…	…	レ	…	…	…	…	…	…
110.9	美作落合〃	2104	…	…	2046	…	…	…	…	…	…
114.6	古見〃	2110	…	…	レ	…	…	…	…	…	…
118.9	久世〃	2117	…	…	2055	…	…	…	…	…	…

姫新線（姫路～古見）の時刻表（昭和38年10月1日改正）。

本竜野駅は昭和6年12月23日に姫津東線の駅として誕生した。◎昭和57年9月　撮影：安田就視

東觜崎～播磨新宮間で揖保川を渡るキハ47形気動車。背後の崖には、「觜崎磨崖仏」と言われる石仏がある。◎昭和61年8月8日　撮影：安田就視

山陰本線

断崖にも敷設した絶景路線

区間▼京都～幡生（県内は梁瀬～居組）
駅数▼160駅
全通年月日▼明治30（1897）年2月15日
路線距離▼673・8㎞
軌間▼1067㎜
最高速度▼130㎞

久谷～浜坂間を走る特急「エーデル鳥取」。昭和63年にキハ65形を改造して登場し、翌年には姉妹編成の「エーデル北近畿」も登場した。◎平成11年8月8日　撮影：野沢敬次

佐津～竹野間にある安木浜を眼下に眺めながら走るDD51と旧型客車。海水浴シーズンには、12系客車を使った急行「但馬ビーチ号」も大阪～香住・浜坂間で運転された。◎昭和61年8月9日　撮影：野沢敬次

バラバラに各地で部分開業した歴史

京都と本州最西端の下関市の幡生を結ぶ全長673・8キロ・メートルの長大路線は、最初から1本で建設されたのではなく、沿線各地で様々な路線が別々に建設された。

なかでも山陰海岸ジオパークの一部ともなっている兵庫県内は、海岸近くまで迫る山や断崖絶壁に阻まれて全線の中でも遅い開業となった。「陰陽連絡線」のルートが明治26年2月に決まり、当時の播但鉄道が和田山まで延伸して、その役目を担うことになったが、資金不足で実現せず、事業を引き継いだ山陽鉄道も明治39年12月に国有化される。

結局、明治41年7月、政府が旧播但鉄道の延伸として和田山～八鹿間を開通させ、翌年7月に八鹿～豊岡間、同9月に豊岡～城崎（現・城崎温泉）間と順次延伸した。明治44年10月に福知山～和田山間、城崎～香住間が開業し、京都～香住間が繋がった。

一方、鳥取側からは、明治44年11月に岩美～浜坂間が開業し、明治45年3月には、同年1月の餘部橋梁の竣工により浜坂～香住が開通。既に明治43年10月に開業していた出雲今市（現・出雲市）～岩美間と合わせて京都までが全通し、同区間を山陰本線とした。その後、山口県内の須佐～宇田郷間が昭和8年2月に開通し、京都～幡生間が全通した。

C55が餘部橋梁を渡り、戦後、出雲となる

兵庫県内は、明治末に開業したにも関わらず優等列車の設定はしばらく無く、昭和10年3月になって初めて2等、3等の寝台車を連結した急行列車が走り出す。当時流行していた流線形の新型機関車C55形が颯爽と福知山線経由で大阪～大社間を8時間20分で結んだ。残念ながら太平洋戦争が始まると戦時輸送の強化が始まり、昭和18年2月に廃止。

この列車は、昭和22年6月に準急として復活する。昭和26年11月には急行に昇格し、「いずも」という名前も付けられ、一部は遠路東京へも直通運転された。昭和31年11月には「いずも」は、「出雲」に改称され、全列車が東京発着となった。京都～松江間を走る準急「白兎」も登場し、山陰本線にも優等列車が多数運行されるようになった。

小春日和となった鎧～餘部間の餘部橋梁を渡るDD51牽引の旧型客車。◎昭和57年1月3日　撮影：野沢敬次

久谷駅を発車したキハ58系の臨時急行「但馬カニスキ号」。冬場の日本海のカニ料理を食べに関西から多くの観光客が訪れた。◎平成3年1月13日　撮影：野沢敬次

昨夜の吹雪が嘘のように晴れ渡った餘部橋梁を渡る旧型客車。兵庫県内の山陰本線ではJR化直前の昭和62年秋まで旧型客車が走っていた。◎昭和60年1月15日　撮影：野沢敬次

餘部橋梁を渡るキハ181系特急「まつかぜ2号」。当時は大阪から山陰本線回りで博多まで行く、昼行の長距離特急「まつかぜ1号」も走っていた。◎昭和60年1月15日　撮影：野沢敬次

183系特急「北近畿」は、「まつかぜ」等に代わって登場し、福知山線経由で主に新大阪～城崎間を走った。上夜久野～下夜久野間にて。◎平成13年1月21日　撮影：野沢敬次

城崎（現・城崎温泉）に停まるキハ181系特急「はまかぜ1号」。東京6時発の新幹線「ひかり」を新大阪で待ち受けて出発し、播但線内は無停車で通過、倉吉に14時半くらいに到着していた。◎昭和56年12月7日　撮影：高橋義男

402D急行「大社」は出雲市を8時に出発して、山陰本線の豊岡からは宮津線・小浜線経由で敦賀に行き、敦賀からは分割されて金沢と名古屋にそれぞれ18時40分くらい到着するロングラン急行だった。城崎にて。◎昭和56年12月7日　撮影：高橋義男

豊岡駅に停まるオハ46形客車。オハ46形の「オ」は、車体の積載重量が32.5～37.5tのもので、「ハ」は、三等客車（現・普通車）。ちなみに等級では、「イ」が一等車、「ロ」が二等車で、現在のグリーン車は二等車相当のため「ロ」が使われている。◎昭和56年12月7日　撮影：高橋義雄

香住～鎧間の矢田川橋梁を渡るキハ58系急行気動車。国鉄が昭和36年から44年にかけて量産した急行用気動車で、旧型客車を淘汰していった。◎昭和53年10月21日　撮影：野口昭雄

DD51形ディーゼル機関車が荷物車を含む旧型客車を牽引して香住～鎧間の矢田川橋梁を渡る。当時、835レは京都を朝5時半に出発して、山陰本線を各駅に荷物を降ろしながら、浜田に夜の9時半に到着する長距離鈍行列車だった。◎昭和53年10月22日　撮影：野口昭雄

山陰本線 下り（京都—鳥取）（その2）

☞前頁からつづく　京都——綾部——福知山——

行先 / 列車番号 / 駅名	大阪 2708D	園部 843	天橋立・敦賀 905D	福知山 527	浜田・大社 701	門司 811	天橋立 907D	胡麻 323D	城崎 805D	天橋立・敦賀 325D
京都 発	…	828	930	…	…	938	1020	1027	1105	1119
丹波口 〃	…	835	レ	…	…	942	レ	1032	レ	1122
二条 〃	…	841	936	…	…	947	1025	1038	1114	1126
花園 〃	…	851	レ	…	…	952	レ	1043	レ	1131
嵯峨 〃	…	859	1準	…	…	958	準	1048	準	1136
保津峡 〃	…	910	レ	…	…	1007	レ	1058	レ	1141
馬堀 〃	…	924	（丹後1号）	…	…	1	レ	1105	レ	1148
亀岡 〃	…	929		…	…	1018	1045	1109	1133	1152
並河 〃	…	934		…	…	レ	レ	1113	レ	1156
千代川 〃	…	938		…	…	レ	レ	1116	レ	1200
八木 〃	…	945	團	…	…	1028	レ	1121	レ	1204
吉富 〃	…	レ	レ	…	…	レ	レ	1126	レ	1210
園部 〃	1準	953	レ	…	…	1037	1100	1132	1148	1213
船岡 〃	（丹波2号）團 城崎発742	…	レ	…	…	レ	レ	1137	レ	1219
殿田 〃		…	レ	…	…	1047	（丹後2号）	1143	（きのさき）	1224
胡麻 〃		…	レ	…	1急	1056		1149		1231
下山 〃		954D	レ	…	（三瓶）	1103		團		1237
和知 〃		團	レ	…		1112		敦賀発921		1244
安栖里 〃		敦賀発737	レ	…		レ	團		團	1248
立木 〃			レ	…		1121	レ		レ	1257
山家 〃			レ	…	1	1127	レ		レ	1308
綾部 着	1009	1028	1050	…		1135	1146	1208	1231	1316
綾部 発	1009	1029	1058	1055	大阪発930	1139	1150	1209	1232	1324
高津 〃	レ	1034	天橋立1204	レ		レ	天橋立1252	レ	レ	天橋立1431
石原 〃	レ	1039		1106		1147		1215	レ	
福知山 着	1021	1046		1114	1151	1154		1222	1244	
福知山 発	1032	1050	（敦賀着1358 客車の一部）	…	1155	1206	（以下214頁）	956D	1250	（敦賀着1602 客車の一部）
上川口 〃	大阪着1246 （福知山大阪間）708D 1準	1058		…	レ	1214		團	レ	
下夜久野 〃		1114		…	レ	1230		…	レ	
上夜久野 〃		1127		…	レ	1242		…	レ	
梁瀬 〃		1134		…	レ	1249		…	レ	
和田山 着		1139	955D	…	1231	1254	…	…	1328	
和田山 発		1151	（以下214頁）	…	1232	1255	…	…	1331	團
養父 〃		1203		…	レ	1301	…	…	レ	…
八鹿 〃		1211		…	1244	1309	…	…	1345	…
江原 〃		1219		…	1253	1319	…	…	1353	（2月29日まで江原停車）
国府 〃		1224		…	レ	1324	…	…	レ	
豊岡 着	…	1233		…	1302	1331	…	…	1402	
豊岡 発	…	1239	…	…	1305	1350	…	…	1405	
玄武洞 〃	…	1252	…	…	レ	1357	…	…	レ	
城崎 〃	…	1258	…	…	1316	1403	…	…	1415	
竹野 〃	…	（福知山城崎間525）	…	…	レ	1420	…	…	…	
佐津 〃	…		…	…	レ	1434	…	…	…	
柴山 〃	…		…	…	レ	1438	…	…	…	…
香住 〃	…		…	…	1342	1446	…	…	…	…
鎧 〃	…		…	…	レ	1454	…	…	…	…
餘部 〃	…		…	…	レ	レ	…	…	…	…
久谷 〃	…		…	…	レ	1508	…	…	…	…
浜坂 〃	…	…	…	…	1405	1527	…	…	…	…
諸寄 〃	…	…	…	…	レ	1531	…	…	…	…
居組 〃	…	…	…	…	レ	1538	…	…	…	…
東浜 〃	…	…	…	（大社1813）2701 急	レ	1544	…	…	…	…
岩美 〃	…	…	…		1422	1550	…	…	…	…
大岩 〃	…	…	…		レ	1554	…	…	…	…
福部 〃	…	…	…		レ	1601	…	…	…	…
鳥取 着	…	…	…		1445	1618	…	…	…	…
終着	…	…	…	└─	1940	511	…	…	…	…

行先 / 列車番号 / 駅名	園部 845	出雲市 713	敦賀・豊岡 923	福知山 936	米子 715	城崎 705D	浜坂 827	松江 801D	城崎 2705D	胡麻 327D
京都 発	1208	…	1255	…	…	…	1427	1535	…	1543
丹波口 〃	1212	…	1259	…	…	…	1431	レ	…	1546
二条 〃	1219	…	1304	…	…	…	1437	1540	…	1551
花園 〃	1224	…	1310	…	…	…	1442	レ	…	1555
嵯峨 〃	1230	…	1316	…	…	…	1448	1急	…	1600
保津峡 〃	1236	…	1324	…	…	…	1455	レ	…	1605
馬堀 〃	1245	…	レ	…	…	…	1504	レ	…	1613
亀岡 〃	1251	…	1335	…	…	…	1508	1600	…	1617
並河 〃	1256	…	レ	…	…	…	1513	（白兎）	…	1621
千代川 〃	1304	…	レ	…	…	…	1517		…	1627
八木 〃	1309	…	1349	…	…	…	1524		…	1638
吉富 〃	レ	…	レ	…	…	…	レ		…	1644
園部 〃	1317	…	1402	…	…	…	1535	1613	…	1650
船岡 〃	…	…	レ	…	…	…	レ	レ	…	1655
殿田 〃	…	…	1413	…	…	…	1545	團	…	1705
胡麻 〃	…	…	1421	…	…	…	1554	1	…	1712
下山 〃	958D	…	1429	…	…	1準	1606		（白兎）	343D
和知 〃	團	…	1438	…	…	（丹波1号）	1615	レ		豊岡発1307
安栖里 〃	敦賀発1021	…	レ	敦賀発1153	…		1619	レ		
立木 〃		…	1448		…		1627	レ		
山家 〃		…	1454		…		1633	レ	大阪発1500	
綾部 着	1323	…	1504	1456	…	團	1641	1656		團
綾部 発	1330	大阪発1007	1512	1510	大阪発1227	大阪発1400	1649	1701		1559
高津 〃	1335		敦賀1855	レ			レ	レ	2801D	1604
石原 〃	1338			1518			1657	レ	1急	1607
福知山 着	1345	1335		1527	1532	1610	1704	1713	↵	1614
福知山 発	…	1350	（宮津線経由・豊岡着1905 客車の一部）	…	1537	1615	1738	1719	…	（綾部豊岡間328D）
上川口 〃	3605	1358		…	1545	1626	1747	1730	（福知山大阪間）	
下夜久野 〃	大阪発1250	1412		…	1556	レ	1759	レ		
上夜久野 〃		1424		…	1612	レ	1812	レ		
梁瀬 〃		1431		…	1619	レ	1820	レ		
和田山 着	1602	1436		…	1624	1655	1825	1756		…
和田山 発	1606	1437		…	1627	1701	1836	1757	705D	…
養父 〃	レ	1443		…	1637	レ	1842	レ	1準	…
八鹿 〃	1準	1451		…	1648	1713	1853	1808	大阪発1400	…
江原 〃	1628	1500	…	…	1700	1720	1902	1819		…
国府 〃	1635	1505	367D	…	1705	レ	1907	レ		…
豊岡 着	1643	1512	團	…	1713	1729	1914	1827	1844	…
豊岡 発	1645	1515	1610	…	1740	1730	1921	1830	1848	…
玄武洞 〃	レ	1525	1621	…	1750	レ	1928	レ	レ	…
城崎 〃	1657	1532	1632	…	1800	1740	1936	1844	1858	…
竹野 〃	（土曜運転）（ゆあみ）（播但線経由）	1544	1646	…	1812	…	1950	レ		…
佐津 〃		1558	1656	…	1823	…	2005	レ	1準	…
柴山 〃		1602	1700	…	1827	…	2010	レ	（丹波1号）	…
香住 〃		1609	1705	…	1837	…	2016	1909		…
鎧 〃		1617	1713	…	1847	…	2025	レ		…
餘部 〃		レ	1716	…	レ	…	レ	レ		…
久谷 〃		1629	1728	…	1859	…	2036	レ	團	…
浜坂 〃		1638	1734	…	1907	…	2043	1930	（宮津線舞鶴線経由）	…
諸寄 〃		1642	…	…	1911	…	…	レ		…
居組 〃		1651	…	…	1922	…	…	レ		…
東浜 〃		1657	…	…	1927	…	…	レ		…
岩美 〃		1708	…	…	1955	…	…	1944		…
大岩 〃	…	1713	…	…	2000	…	…	レ		…
福部 〃	…	1724	…	…	2007	…	…	レ		…
鳥取 着	…	1746	…	…	2023	…	…	2002	…	…
終着	…	2217	…	…	2305	…	…	2208	…	…

城崎——鳥取（

行先 / 列車番号 / 駅名	福知山 938	豊岡 369D	鳥取 605D	鳥取 829	園部 847	綾部 329D	豊岡・福知山 909D	福知山 2509D	豊岡 831
京都 発	┐	…	…	1614	1700	…	1745	…	1752
丹波口 〃	團	…	…	1618	1704	…	レ	…	1756
二条 〃	…	…	…	1623	1710	…	1751	…	1800
花園 〃	…	…	…	1629	1715	…	レ	…	1807
嵯峨 〃	…	…	…	1634	1721	…	準	…	1816
保津峡 〃	…	…	…	1643	1727	…	（丹後3号）	…	1824
馬堀 〃	…	…	…	1653	1736	…		…	1834
亀岡 〃	…	…	…	1657	1741	…		…	1842
並河 〃	…	…	…	レ	1746	…		…	1847
千代川 〃	…	…	…	1704	1754	…	團	…	1851
八木 〃	…	…	…	1709	1759	…	レ	…	1856
吉富 〃	…	…	…	レ	1806	…	レ	…	1903
園部 〃	…	…	…	1722	1811	1814	レ	…	1907
船岡 〃	…	…	…	レ	1	1819	レ	…	レ
殿田 〃	…	…	…	1738	…	1825	レ	…	1918
胡麻 〃	…	…	…	1750	…	1831	レ	…	1926
下山 〃	…	…	…	1757	…	1837	レ	…	1933
和知 〃	…	團	…	1805	…	1847	レ	…	1942
安栖里 〃	東舞鶴発1642	中舞鶴発1717	1準	1809	…	レ	レ	…	レ
立木 〃			（但馬1号）	1817	…	1855	レ	準	1952
山家 〃				1826	…	1900	レ	團	1958
綾部 着	1743	1814		1835	…	1907	1929	¬	2008
綾部 発	1745	1816		1848	…	團	1938	1931	2015
高津 〃	レ	レ	團	レ	…	…	豊岡2159	レ	レ
石原 〃	1753	1823	大阪発1702	1857	…	…		レ	2023
福知山 着	1801	1829		1904	…	…		1944	2030
福知山 発	…	1833		1910	…	…	（宮津線経由・以下215頁）	…	2048
上川口 〃	…	1840	（播但線経由）	1922	…	…		…	2056
下夜久野 〃	…	1852		1932	…	…		…	2107
上夜久野 〃	…	1904		1951	…	…		…	2126
梁瀬 〃	…	1912		1958	…	…		…	2144
和田山 着	…	1918	1946	2003	…	…		…	2149
和田山 発	…	1919	1947	2004	…	…		…	2151
養父 〃	…	1926	レ	2011	…	…		…	2158
八鹿 〃	…	1938	1958	2019	…	…		…	2206
江原 〃	…	1947	2006	2032	…	…	…	…	2216
国府 〃	…	1952	レ	2044	…	…	…	…	2221
豊岡 着	…	1958	2014	2051	…	…	…	…	2228
豊岡 発	…	…	2016	2055	…	…	…	…	…
玄武洞 〃	…	…	レ	2102	…	…	…	…	…
城崎 〃	…	…	2028	2108	…	…	…	…	…
竹野 〃	…	…	レ	2120	…	…	…	…	…
佐津 〃	…	…	レ	2131	…	…	…	…	…
柴山 〃	…	…	レ	2136	…	…	…	…	…
香住 〃	…	…	2054	2143	…	…	…	…	…
鎧 〃	…	…	レ	2152	…	…	…	…	…
餘部 〃	…	…	レ	レ	…	…	…	…	…
久谷 〃	…	…	レ	2202	…	…	…	…	…
浜坂 〃	…	…	2115	2209	…	…	…	…	…
諸寄 〃	…	…	レ	2213	…	…	…	…	…
居組 〃	…	…	レ	2221	…	…	…	…	…
東浜 〃	…	…	レ	レ	…	…	…	…	…
岩美 〃	…	…	2132	2231	…	…	…	…	…
大岩 〃	…	…	レ	レ	…	…	…	…	…
福部 〃	…	…	レ	2241	…	…	…	…	…
鳥取 着	…	…	2152	2300	…	…	…	…	…
終着	…	…	…	…	…	…	…	…	…

山陰本線下り（京都～鳥取）の時刻表（昭和38年10月1日改正）。

キハ181系特急「あさしお」が香住～鎧間の矢田川橋梁を渡る。キハ181系は、国鉄が開発した特急用気動車で、初となる500PSのハイパワーディーゼルエンジンを搭載し、昭和43年から47年までに158両が製造された。◎平成6年4月25日　撮影：安田就視

御幣島駅に進入する松井山手行の321系電車。JR東西線には、それぞれの駅にシンボルがあり御幣島駅は、「渡し船」のシンボルが壁面に飾られている。◎平成21年9月27日　撮影：野沢敬次

昭和の構想が平成に実現した
JR東西線

区間▼京橋～尼崎（県内は尼崎のみ）
駅数▼9駅
全通年月日▼平成9（1997）年3月8日
路線距離▼12・5㎞
軌間▼1067㎜
最高速度▼90㎞

尼崎駅に進入する207系西明石行普通電車。車体サイドの帯の青色は、平成17年4月25日発生の福知山線の脱線事故後に暖色系のオレンジと紺色に変更された。◎平成10年11月　撮影：安田就視

尼崎駅を出発した207系快速京田辺行電車。側面のラインが暖かいイメージに変更された。◎平成21年12月27日　撮影：野沢敬次

国鉄時代からそのルートを検討

大阪市内の鉄道網は、市営地下鉄が東西南北に走り、そこに私鉄が乗り入れを行っているが、軌間が異なるため大阪環状線の輪の中を東西に結ぶ路線は無かった。

昭和46年に発表された都市交通審議会（現・交通政策審議会）の答申で片町線と福知山線を繋ぐ「片福連絡線」の整備が「緊急」と位置づけられ、昭和48年12月には、「大阪圏高速鉄道網整備推進会議」で国鉄がその建設主体となる方針が示された。昭和53年12月には、大阪市と国鉄による「片福連絡線調査委員会」が発足し、同委員会は、昭和54年10月に中間報告で3つのルート案を提示した。

3案とも東側の片町付近～大阪付近は、国道1号の地下を通るルートだが、西側について①は国道1号～国道2号の地下を進み福島付近で地上に出て、東海道本線と並走して尼崎に至る案、②は①案で尼崎市内まで国道2号の地下を進み、阪神電鉄・大物駅の北側で尼崎港線（昭和59年廃止）に合流し福知山線へ乗り入れる案、③は②案同様に国道2号の下を進むが、歌島橋交差点から府道10号の下を北上し、東海道本線と並走して尼崎駅に至る案に分かれた。

①案では大阪市西部の交通網の拡充にはほど遠く、②案では、尼崎駅で東海道本線と直角に交差するため、東海道本線への乗入には連絡線が必要となり、③案が採用された。

資金難で計画は中断したがJR化後に実現

昭和56年4月、国鉄は京橋～尼崎間の線路増設という形での認可を受ける。しかし、国鉄の財政事情は厳しく着工できないままJR西日本に引き継がれた。そして、建設資金を調達するため昭和63年5月に大阪府・大阪市・JR西日本等が出資する第三セクターの関西高速鉄道が設立され、6月には政府から無利子の融資も受けて、翌年11月に着工した。

平成4年4月には、海老江付近で地下水が噴出して道路が陥没し、翌年1月まで工事が中断する事故もあったが、平成9年3月、JR東西線として京橋～尼崎間が開通した。

また、地上への出口付近にあった片町駅は、近くに大阪城北詰駅を開業して廃止され、路線名だけが残った。

猫も杓子も煙を追ったSLブームの悲劇

「ヨンサントウ」日本国有鉄道（国鉄）が行った全国一斉の列車ダイヤの白紙大改正は、昭和43年10月１日に実施されたためこう呼ばれた。485系、583系、キハ181系など特急形車両が新製投入され、全国に特急網が張り巡らされる一方で、東北本線が全線電化し、奥中山で活躍していたD51形蒸気機関車（SL）の三重連が廃止されるなど、動力近代化のためSLが各地で急速に姿を消した改正だった。

今でも「葬式鉄」と呼ばれる一部の鉄道マニアが引退する車両や廃止される路線に群がっているが、当時は、普通の老若男女までもが廃止されるSL路線に集まった。

兵庫県内では、播但線の無煙化が一番遅く、先に無煙化した山陰本線のSLも転籍して賑わった。

そして、昭和47年９月にはC57三重連による「さよなら列車」が走る。

当時は、線路を歩いて撮影地へ行くことが公然と行われており、側線や引き込み線から撮影する人もいた。サボ（列車行先札）やSLのナンバープレートの盗難も相次ぐ中、昭和50年12月、室蘭本線を最後にSL列車は無くなった。SLブームもこれで終息に向かうと思われていた。

しかし、悲劇が起こる。昭和51年9月4日、C57 1号機牽引の記念列車「京阪100年号」が東海道本線を走り、沿線では多数の人々が見物や撮影に来ていた。

土曜日のため午後からは学校帰りの児童や生徒も加わり、撮影のため線路内に進入する者も多く沿線はパニック状態となる。

そして、大人に混じって線路内に進入していた小学生がC571に接触して死亡した。ブームを煽ったマスコミも含めその後の保存SLの在り方に大きな影響を与えた事故だった。

大阪駅に到着した「京阪100年号」。ホームには人が溢れ、やむを得ず駅員さんらは線路に降りて警備にあたっていた。この後、さらに混乱していた千里丘～茨木間で、その悲劇は起きた。◎昭和51年9月4日　撮影：前田雅美

播但線のC57三重連は、昭和47年9月30日の「さよなら列車」の前週にも運転し、多くのSLファンが見送った。

小雨降る中、集まったSLファン。写真2点とも、播但線新井～生野間にて。◎昭和47年9月24日　撮影：金居光由

2章
私鉄・公営鉄道

- ・阪急電鉄 宝塚本線
- ・阪急電鉄 神戸本線
- ・阪急電鉄 伊丹線
- ・阪急電鉄 今津線
- ・阪急電鉄 甲陽線
- ・阪神電気鉄道 本線
- ・阪神電気鉄道 阪神なんば線
- ・阪神電気鉄道 武庫川線
- ・山陽電気鉄道 本線
- ・山陽電気鉄道 網干線
- ・能勢電鉄 妙見線、鋼索線
- ・能勢電鉄 日生線
- ・北条鉄道 北条線
- ・神戸電鉄 有馬線、三田線
- ・神戸電鉄 粟生線、公園都市線
- ・智頭急行 智頭線
- ・京都丹後鉄道 宮豊線
- ・神戸市交通局（地下鉄） 西神・山手線、海岸線
- ・神戸高速鉄道、北神急行電鉄
- ・神戸新交通 ポートアイランド線、六甲アイランド線

阪神電気鉄道の住吉駅付近を走る8000系電車。◎平成10年11月21日　撮影：安田就視

宝塚駅は、創業時の明治43年3月10日に開業し、その3月10日と11日には、宝塚温泉から芸妓の踊屋台2台が曳き出され、花火も打ち上げられて祝福された。◎昭和48年12月6日　撮影：安田就視

小林一三翁が開発した私鉄経営法

阪急電鉄宝塚本線

区間▼梅田～宝塚（県内は川西能勢口～宝塚）
駅数▼19駅
全通年月日▼明治43（1910）年3月10日
路線距離▼24.5km
軌間▼1435mm
最高速度▼100km

清荒神～宝塚間で福知山線を越える6000系電車。老朽化した2200系の車体に5100系の電装品を換装している。◎平成28年6月27日　撮影：野沢敬次

池田～川西能勢口間で猪名川を越えて兵庫県に入る8000系電車（右）。この8107形は扉間の座席は転換クロスシートになっている。◎平成28年7月5日　撮影：野沢敬次

創業路線は能勢街道と巡礼街道に沿う

阪急電鉄の宝塚本線は、箕面有馬電気軌道（箕有電軌）という路面電車から始まった。このうち兵庫県内を走るのは、猪名川で府県境を渡り川西能勢口から終点の宝塚まで。大阪府内を能勢街道に沿って北上した宝塚本線は、猪名川を渡ると今度は、西国三十三ヵ所の巡礼街道に沿って進む。

明治43年3月の開業時、周辺は田畑や山林の広がる農村地帯だったので乗客を集めるために創業者の小林一三（一三翁）は、沿線の寺社仏閣を線路で繋いだのである。

中山寺は、西国三十三ヵ所の24番札所となっており、23番の箕面の勝尾寺から、播州の25番清水寺までの巡礼街道が宝塚本線の近くを通っていた。そして、一三翁が終点・宝塚に設けて発展したのが、大正2年7月に組織した「宝塚唱歌隊」、現在の宝塚歌劇である。阪急電鉄は、世界的にも珍しい歌劇団を持つ鉄道会社として、その「清く正しく美しく」のコンセプトで沿線を高級住宅地として開発していく。

新しい発想で沿線に住宅地を開発

開業前の明治41年10月、一三翁は投資家向け冊子「最も有望なる電車」を配布した。その中で「七遊覧電鉄の真価」として、12か所の名所を掲げ、うち8か所は、山本の牡丹、中山の観音、売布神社、日本一清荒神など兵庫県内の名所だった。開業前年の明治42年秋には、「住宅地御案内」として「如何なる土地を選ぶべきか・如何なる家屋に住むべきか」と謳った冊子を発行し、自社所有地の分譲を始める。

一三翁の割賦による住宅販売が成功を収めると大正初期には、それを模倣する者が登場。近江商人の流れを組む実業家・阿部元太郎である。彼は、10万坪の斜面を買収した後、最寄り駅として、大正5年8月に私費で「雲雀ヶ丘駅」を開設した。車での往来を考慮して駅前にはロータリーを設置、山手の分譲地へも階段ではなく車で登れる坂道を整備し、高台から大阪平野を見下ろす超高級住宅地として売り出すと、医者や弁護士、会社役員などが挙って購入した。

戦後、宝塚本線の線形改良のため昭和36年1月に現在地で隣駅の花屋敷と統合して雲雀丘花屋敷が誕生している。

39. 2. 7現在　京都ー大阪ー神戸ー宝塚　㊐㊇　（京阪神急行電鉄）

線名	特急 初電	特急 終電	急行 初	急行 終電	普通 初電		普通 終電		キロ数	運賃	駅名	特急 初電	特急 終電	急行 初	急行 終電	普通 初電		普通 終電		
京都線	800	2230	610	2340	500	520	2310	2330	0.0	円	発阪急梅田㊖着	756	2312	651	2330	607	627	2352	013	特急15ー30分毎
	レ	レ	621	2350	512	532	2324	2344	6.9	30	〃淡路発	1	1	641	2319	554	614	2339	000	
	822	レ	635	005	533	553	2348	2400	23.2	60	〃高槻市〃	732	1	625	2304	533	553	2318	2339	急行10ー15分毎
	レ	レ	650	018	555	615	010	030	40.6	110	〃桂〃	1	1	610	2250	511	531	2256	2318	
	844	2312	701	029	607	627	022	042	47.9	130	着河原町発	710	2230	600	2240	500	520	2245	2305	
	…	…	…	…	506	526	2318	2338	0.0	円	発天神橋着	…	…	…	…	600	620	006	031	
	…	…	…	…	512	532	2324	2344	3.3	15	〃淡路発	…	…	…	…	554	614	2400	025	普通10ー20分毎
	…	…	…	…	533	553	2348	2400	19.6	60	〃高槻市〃	…	…	…	…	533	553	2339	004	
	…	…	…	…	555	615	010	030	37.0	110	〃桂〃	…	…	…	…	511	531	2318	2348	
	…	…	…	…	607	627	022	042	44.3	130	着河原町発	…	…	…	…	500	520	2305	2330	
神戸線	630	2200	…	…	500	515	2330	010	0.0	円	発阪急梅田㊖着	653	2228	阪急梅田ー	阪急六甲㊣	540	555	012	…	特急10ー13分毎
	レ	レ	…	…	513	528	2344	023	10.5	40	〃阪急塚口発	1	1			527	542	2358		
	644	2214	…	…	519	534	2350	030	15.9	50	〃西宮北口〃	639	2214			522	535	2351	031	
	レ	レ	…	…	525	540	2357		21.2	60	〃芦屋川〃	1	1			515	530	2345	025	普通10ー13分毎
	レ	レ	…	…	531	546	003	…	25.9	70	〃阪急御影〃	1	1			509	524	2339	019	
	658	2228	…	…	540	555	012	…	32.5	90	着阪急神戸㊖発	625	2200			500	515	2330	010	
宝塚線	急行15分毎		640	2200	500	515	2330	010	0.0	円	発阪急梅田㊖着	…	…	720	2153	542	557	012	池田025	
			657	2217	524	539	2358	035	13.8	40	〃阪急石橋発	…	…	703	2135	518	533	2348		
	普通10ー15分毎		703	2223	530	545	003	池田038	17.3	50	〃能勢口〃	…	…	655	2130	513	528	2342	023	
			717	2237	543	558	017		24.8	70	着宝塚発	…	…	640	2116	500	515	2330	010	

線名	初電	終電	キロ数	運賃	駅名	初電	終電	初電	終電	キロ数	運賃	駅名	初電	終電	
支線	5 00	23 25	0.0	円	発桂着	5 17	23 42	4 52	0 05	0.0	円	発阪急塚口着	5 06	0 19	4ー12分毎
	5 07	23 32	4.1	15	着嵐山発	5 10	23 35	4 58	0 11	2.9	15	着伊丹発	5 00	0 13	
	5 06	23 44	0.0	円	発天神橋着	5 21	0 31	5 00	23 45	0.0	円	発今津着	5 27	23 57	6ー15分毎
	5 28	0 07	10.0	45	着新千里山発	4 57	0 10	5 20	0 09	9.6	40	着阪急宝塚発	5 00	23 33	
	4 53	23 55	0.0	円	発夙川着	5 05	0 07	4 50	23 58	0.0	円	発石橋着	5 07	0 15	
	4 58	24 00	2.2	15	着甲陽園発	5 00	0 02	4 57	0 05	4.0	15	着箕面発	5 00	0 08	

京阪神急行電鉄の時刻表(昭和39年2月7日現在)。

池田車庫から移転したばかりの宝塚本線の平井車庫。雲雀丘花屋敷～山本間で福知山線の南側に高架で完成した。◎昭和46年11月　提供:朝日新聞社

西宮北口を出発した新開地行き特急7000系電車。昭和53年から210両が量産され、本格的な回生ブレーキを持つ省エネ電車。◎平成10年11月21日　撮影：安田就視

阪神電鉄と随所で覇権を争った

阪急電鉄神戸本線

区間▼梅田〜神戸三宮（県内は園田〜神戸三宮）
駅数▼16駅
全通年月日▼大正9（1920）年7月16日
路線距離▼32.3km
軌間▼1435mm
最高速度▼115km

高架駅へと移転した神戸（現・神戸三宮）駅。3号線（画面右）に停まるのは、920形2両編成の特急。4面3線のホームで櫛形の頭端駅だった。◎昭和11年4月1日　提供：朝日新聞社

他社を買収して敷設免許を入手し神戸へ

神戸本線のルートの西半分は、元々は明治45年7月に灘循環電気軌道（灘電軌）が、神戸〜西宮間の軌道敷設の特許を取得した路線だった。灘電軌は、明治40年に神戸〜西宮間の山手側と海岸側を回る循環線の出願をしていたが、山手側だけが認可され、資金不足で着工できずにいた。そこに箕有電軌を率いる一三翁が目を付け、灘電軌の買収と大阪〜神戸間の鉄道敷設を大正5年4月の臨時株主総会で決議。

当時、既に阪神間に電車を走らせていた阪神電気鉄道（阪神電鉄）は、ライバルの出現を阻止するため、同年6月にその決議の無効を求めて提訴した。また、鉄道院へも箕有電軌が灘電軌を買収しないように陳情したが、大正6年2月、鉄道院は買収を承認。箕有電軌は、社名を大正7年2月に阪神急行電鉄（阪急電鉄）と改称し、同年12月には阪神電鉄との裁判にも勝訴する。そして、大正9年7月に神戸線（現・神戸本線）と伊丹線を同時に開業した。

なお、正式社名に「急行」や「電鉄」が使われたのは初めてのケースで、以後、目黒蒲田電鉄（現・東京急行電鉄）、小田原急行鉄道（現・小田急電鉄）、参宮急行電鉄（現・近畿日本鉄道）等の社名が登場する。

先に開業した阪神電鉄をスピードで猛追

「新しく開通した神戸（又は大阪）ゆき急行電車、綺麗で、早うて、ガラアキで、眺めの素敵によい涼しい電車」

この自虐的なコピーは、神戸線の開業時に一三翁が出した新聞広告。阪神電鉄も路面電車から始まり、海沿いの町を結んで線路を通したため駅数が多かったが、後発の阪急電鉄は、集落の少ない田園地帯や六甲山麓の山手に線路を引いたため必然的に駅数は少なくなり、その分集客には苦労した。

しかし、線路はほぼ直線的に敷設されたため高速運転に適しており、阪神間の所要時間は、開業当時は50分だったが、大正11年8月には、集電方式を私鉄初のパンタグラフに変えて40分に短縮、昭和5年4月には、出力150キロワットのモーター2機を搭載したハイパワーの900形電車を使い、特急が大阪〜神戸間を30分で結んだ。

西宮北口でダイヤモンドクロスを渡る電車。今津線と神戸本線が平面交差し、昭和59年3月25日に解消された。◎昭和50年1月15日　撮影：香山武慶

51形電車内で行われた神戸線の開通祝賀会。51形電車は新造された木造3扉でシャンデリア形照明を持つ15メートル車。◎大正9年7月23日　提供：朝日新聞社

高架駅となった伊丹駅。ライバルの国鉄伊丹駅がある福知山線は、まだ単線で電化もされておらず、尼崎〜宝塚間が複線・電化されるのは昭和56年4月のこと。◎昭和49年1月12日　撮影：安田就視

震災から見事に復興した
阪急電鉄伊丹線

区間▼塚口〜伊丹（全区間県内）
駅数▼4駅
全通年月日▼大正9（1920）年7月16日
路線距離▼3.1km
軌間▼1435mm
最高速度▼70km

伊丹駅に停まる610系電車。昭和52〜55年に廃車または能勢電鉄に譲渡された。◎昭和49年1月12日　撮影：安田就視

酒造の町、伊丹へは計画変更で支線となる

箕有電軌が灘電軌の西宮〜神戸間の免許を取得する際、西宮〜十三間は、伊丹経由のルートを計画していた。伊丹は、新六幸元が慶長5年頃に従来の「濁酒」に対し「澄酒」として清酒の醸造法を確立した清酒発祥の地で、江戸時代には五摂家の筆頭、「近衛家」の庇護のもと酒造業が盛んとなり、明治22年には、町村制にもとづき伊丹町が誕生していた。

集客が見込まれる町だが、既に福知山線が通っており、一三翁は神戸への距離短縮を優先しルートから外した。

ところがこれを知った伊丹町が猛反発したため妥協案として建設される。工事費を抑えるため大正9年7月の開業時は単線だった。伊丹線が複線化されたのは、昭和18年2月のことで、戦時下の軍需輸送に対応するためだった。

福知山線と並行する路線のため、阪急電鉄は、ここでも新たな需要を創造する。昭和8年、伊丹駅の北部で42千坪を「伊丹養鶏村住宅地」として15年の月賦で売り出す。これは鶏舎を併設した住宅で、生産された鶏卵は阪急百貨店が引き受けて販売するというユニークな試みだった。

昭和10年3月には途中駅として新伊丹を設置、駅の西側には立派なロータリーを設けて10万坪の宅地が分譲された。

戦後、発展する伊丹線を大震災が襲う

戦後、高度経済成長とともに伊丹線の乗客も増え続けた。このため昭和43年11月、手狭になった伊丹駅は西側へ100メートルほど移設して高架駅となり、前年3月に北千里に導入された世界初の自動出改札機も設置された。

その高架駅が、平成7年1月17日の阪神・淡路大震災で倒壊する。阪急電鉄は沿線各地で大きな被害を受け、その後、順次復旧したが、伊丹駅の再建が最後になった。

伊丹線自体は、平成7年3月11日に伊丹駅の手前に仮駅を設けて、線路も単線で運転を再開したが、駅舎の竣工は平成10年11月、複線の復旧は翌11年3月となった。伊丹駅の再建は、伊丹市の再整備計画と連携して行われ、車椅子が通行できる幅広の自動出改札機や音声案内付の自動券売機が置かれ、震災復興記念碑の立つ駅前広場も整備された。

仁川駅北側の踏切。仁川では、阪神競馬場の競馬開催時には、仁川～西宮北口間で折り返し運転による増発や梅田への臨時直通急行が運行される。◎平成22年6月28日　撮影：堀井敬之

宝塚から阪神の待つ今津へ

阪急電鉄今津線

区間▼宝塚～今津（全区間県内）
路線距離▼9・3km
駅数▼10駅
軌間▼1435mm
全通年月日▼大正10（1921）年9月2日
最高速度▼80km

開業前の西宝線で37形の試運転電車が逆瀬川橋梁を渡る。37形電車は大正10年に梅鉢鐵工所（後・帝国車輌工業）で製造された支線区用の木造小型ボギー車。◎大正10年8月2日　提供：朝日新聞社

創業当初から計画し西宝線として開業

宝塚～西宮間の路線は、箕有電軌が開業前に発行した投資家向け冊子「最も有望なる電車」でも第二期線として記載されていた。しかし、集客が見込まれる神戸線（現・神戸本線）の建設が優先され、神戸線が開業した翌年である大正10年9月に西宝線として宝塚～西宮北口間が開業した。

当初は単線だったが翌年4月に複線化され、西宮北口～今津間も大正15年12月に開通し今津線と改称する。

この時、西宮北口では、神戸線と今津線の線路が直角に交叉するダイヤモンドクロスとなり、昭和3年4月には今津でライバルの阪神電鉄との連絡通路も完成した。

乗客を増やすため沿線への学校誘致にも力が注がれ、関西学院大学（甲東園）を始め、神戸女学院（門戸厄神）や小林聖心女子学院（小林）など数多くの大学、高校が建てられ、現在も通学生で賑わっている。また、戦後は、軍需工場だった川西航空機（現・新明和工業）の跡地に阪神競馬場も誘致され、仁川には専用改札口が設けられた。

ダイヤモンドクロス解消で南北分断

交差する線路を高架やトンネル工事をせずに安価に相互の列車を通せる線形としてダイヤモンドクロスは、全国各地に存在した。しかし、片方の列車が通過中は、当然、もう片方の列車は通れず、また事故の危険性もあった。このため列車本数が増加すると輸送上のネックとなる。

開業時には「ガラアキで」と自嘲した神戸線も、戦後、輸送量が急増し、列車の増発と西宮北口の橋上駅舎化のため昭和59年3月、ダイヤモンドクロスは廃止された。

そして、今津線は、西宮北口で今津北線（西宮北口～宝塚）と今津南線（西宮北口～今津）に分断される。なお、今津南線は高架化されたが、今津北線は地上のままで神戸本線の大阪方面への渡り線を使って平日の朝には宝塚から今津北線経由で梅田へ直通する準急が運行されている。

ちなみに今津南線にも高架線以外に神戸本線の神戸三宮方面への渡り線があり、西宮北口の東北側にある車両基地への入出庫に利用されている。

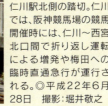

甲陽園から夙川に向けて出発した610系電車。木造車体の51形から装備品を転用して昭和28年に製造され、最後は伊丹線や甲陽線に入線した。◎昭和49年1月12日　撮影：安田就視

夙川沿いにも競争の歴史

阪急電鉄甲陽線

区間▼夙川～甲陽園（全区間県内）
駅数▼3駅
全通年月日▼大正13（1924）年10月1日
路線距離▼2.2km
軌間▼1435mm
最高速度▼70km

夙川駅を出発した610系電車。画面右手奥の松林が夙川の河川公園で、甲陽線は苦楽園口の先まで、夙川に沿って北上する。◎昭和50年1月15日　撮影：香山武慶

桜の名所・夙川沿いを走る文京路線

夙川沿いの松林や桜並木の間を北上する甲陽線は、僅か2・2キロの短い路線。桜並木は、戦時中に燃料として伐採された松に代わって、戦後、植えられたもの。この車窓の美しい甲陽線は、実は生臭い企業間の駆け引きから産まれた路線である。

阪急電鉄の路線で単線なのは甲陽線と嵐山線だけだが、嵐山線は、新京阪鉄道によって複線で建設された路線で、戦時中に資材供出のため単線化された。

一方、甲陽線は建設コストを抑えるために最初から単線で建設されている。終点の甲陽園には、大正7年に設立された甲陽土地が道路を整備して、温泉、旅館、社交場、劇場、活動写真上映館、植物園、遊園地などを開業していた。

しかし、甲陽線建設の目的は、他社が開発した甲陽園へ乗客を運ぶためだけではなかった。大正9年7月に阪急電鉄が神戸線（現・神戸本線）を開業して以降、対立が深まっていた阪神電鉄への対抗上、作られたのである。

ライバルの計画を阻止するために建設

阪神電鉄は、当時、保養所や別荘が立ち並びラジウム温泉が湧く苦楽園まで、トロリーバスを使って自社の香櫨園から阪急電鉄を越えて繋ぐ構想を立てていた。

阪急電鉄は、これに対抗するため大正11年12月に夙川～甲陽園間の軌道敷設特許を申請したのだ。

結局、阪神電鉄はトロリーバスを諦め、一方の阪急電鉄は、大正13年10月に単線で夙川～甲陽園間を開通させた。

また、翌年3月には途中にあった電車の行き違い用の信号場も苦楽園口として駅に昇格させている。苦楽園口から苦楽園までは急な坂道が続くが、大正6年には乗合馬車に加えてタクシーも登場していたため、苦楽園口は、苦楽園への玄関としての役割を担っていく。

明治末期に関西の実業家・中村伊三郎が開発した苦楽園は、当初、籠に乗って山を登っていたが、道路が整備され、鉄道の駅ができると芦屋の六麓荘と並んで、海が見える別荘地から超高級住宅街へと発展していった。

阪急と阪神、永年のライバルが突然統合

創業以来、堅実な経営を行って来た阪神電鉄には、莫大な含み益があった。例えば阪神百貨店が入る大阪神ビルディング7千平方メートルの土地の簿価は、平成17年3月期の決算でも僅か9百万円だった。これに学生時代は阪神電鉄で通学し阪神タイガースのファンでもあった村上世彰が率いる投資ファンド（村上ファンド）が目を付けた。

折しも阪神電鉄は、転換社債の償還期を迎えていたが、株価が低迷し誰も株式には交換しなかった。その転換社債や株式を村上ファンドは一挙に買い進めていく。阪神タイガースが優勝に向けて盛り上がっていた平成17年9月27日、買占めの事実が公表され、10月3日には株主総会で拒否権を発動できる三分の一を超える40%近い株式を保有した。

村上世彰は、球団持株会社を使った阪神タイガースの上場等の企業価値の向上策を提案したが、阪神電鉄はこれを拒否した。そして、直接競合しない京阪電気鉄道との経営統合を模索したが成立せず、阪神電鉄は苦渋の決断として、平成18年5月、阪急ホールディングス（阪急電鉄の持ち株会社、阪急HD）と「阪急HDが阪神電鉄株に対してTOB（株式公開買い付け）を行い、その成立を条件に経営統合する」という契約を結んだ。直後に村上世彰がインサイダー取引で逮捕されたこともあり、村上ファンド側は、阪急電鉄のTOBに応じ、同年6月にTOBは成立した。そして、同年10月1日に阪神電鉄は、阪急電鉄と同様に名称変更した持ち株会社・阪急阪神ホールディングスの傘下に入った。

阪急百貨店にも繋がる大阪駅前のペディストリアンデッキから見た大阪神ビルディング。梅田のど真ん中にあったこのビル敷地の簿価が900万円だったとは驚かされる。◎平成26年8月15日　撮影：野沢敬次

阪神甲子園球場での観戦を終えて甲子園駅に向かう阪神タイガースファン。◎平成22年7月7日　撮影：野沢敬次

阪神なんば線の1000系電車。同線の開業で地価の上昇も期待され狙われた。◎平成26年7月10日　撮影：野沢敬次

尼崎駅近くにある阪神電鉄のレンガ倉庫。現在は、映画のロケ地としても貸し出されるが、明治38年の創業時から火力発電所として使われ、阪神地区の住宅にも配電していた。◎平成22年6月23日　撮影：野沢敬次

日本初のインターアーバン
阪神電気鉄道本線

区間▼梅田～元町（県内は杭瀬～元町）
駅数▼33駅
全通年月日▼明治38（1905）年4月12日
路線距離▼32.1km
軌間▼1435mm
最高速度▼106km

住吉駅に到着する5271形電車。初の1500V専用車である5261形の増備車で、昭和45年に「青胴車」としては初めての冷房車となった。◎平成10年11月21日　撮影：安田就視

神阪、摂津、坂神、そして阪神電鉄へ

阪神電気鉄道（阪神電鉄）の開業が、その後の私鉄王国といわれた関西の鉄道網の礎となった。明治26年12月に神戸の財界人である谷新太郎ら4名が神阪電気鉄道の設立を発起し、神戸～大阪間の敷設特許の申請をしたのが始まり。

翌年3月には、社名を摂津電気鉄道（摂津電鉄）と改称し、同年5月に電気鉄道の区間を神戸～尼崎間に訂正出願。明治28年5月に残る尼崎～大阪（上福島）間は、軌道敷設の特許として申請した。一方、同じ明治28年5月には、藤田財閥の創立者である藤田伝三郎や外山脩造ら8名が新たに坂神電気鉄道の設立を発起し、大阪～神戸間の敷設特許を申請した。この競合する2つの申請は、その後、両社が明治29年7月に合併し、摂津電鉄を存続会社とすることで決着した。翌年6月には、神戸（加納町）～尼崎間の軌道敷設が特許され、明治31年8月、尼崎～大阪（上福島）間の軌道敷設も特許される。また、摂津電鉄は明治32年6月に設立免許を得て、同年7月に阪神電鉄と社名変更した。

路面電車で高速運転するには？

さて、当時の阪神間には官設の東海道本線が開業しており、軌道（路面電車）とはいえ競合すると思われる鉄道の敷設がなぜ許可されたのか。鉄道を所管する逓信省は当然反対したが、道路を所管する内務省は、「道路上を走る電車は低速で人力車の代わり程度」として許可された。そして、明治33年には土木工学者で逓信次官だった古市公威が軌道条例について「全ての軌道を道路上に敷設する必要はなく、一部が併用軌道であれば良い」という趣旨の解釈をした。

これを受けて阪神電鉄は、路線の大部分を新設の専用軌道とし高速運転を可能とした。これが先例となり、箕面有馬電気軌道（現・阪急電鉄）、京阪電気鉄道などが次々と創業された。明治38年4月に出入橋（現・梅田～福島間）～神戸（現・神戸三宮付近）間が開業。大阪～神戸を90分で結び、32の途中駅を設けた。同年9月には所要時間を72分に短縮、運行頻度も8分間隔という驚異的な本数の多さで、途中駅が3駅しかない東海道本線から乗客を奪っていった。

住吉駅のホームへ登る階段には、昭和4年に高架駅となった際の明り取りの飾り窓が付けられている。◎平成22年6月15日　撮影：野沢敬次

5001形電車は、非冷房車だった初期「ジェットカー」の置き換え用として昭和52年から登場した。香櫨園～西宮間にて。◎平成26年3月4日　撮影：野沢敬次

神戸市の「住吉・芦屋間連続立体交差事業」で工事中の青木～魚崎間を走る5131形普通電車。◎平成22年6月10日 撮影：野沢敬次

画期的な車両を一挙に投入して急成長

開業前の明治32年9月、技師長に招かれた三崎省三は、アメリカのインターアーバン（都市間電気鉄道）を視察し、阪神電鉄への導入を提案した。軌間は1435ミリと三崎自身が先に製作した日本初の電車（京都電気鉄道向け、後の京都市電）よりも広くして、日本初の空気ブレーキを備えたボギー台車に出力180馬力のモーターを搭載して高速運転を可能とし、開業時には一挙に30両を投入し頻発運転を成し遂げた。開業翌年の12月には東海道本線の大阪駅前まで延伸、運賃の安さもあり阪神電鉄は急成長を遂げた。

大正2年3月には勢いに乗って大阪～京都の軌道敷設も申請した（翌年7月に却下）。そんな阪神電鉄に勝負を挑む者が現れた。言わずと知れた阪急電鉄である。開業前から敷設免許を巡って裁判で争ったが、阪急が神戸線を開業する前年の大正8年6月に対抗して、全路線を4区間に分け、そのうちの1区間の駅は全て通過する電車を4パターン設定した「千鳥式運転」でスピードアップを実現。大正10年11月からは軌道線では初の2両連結での急行運転も始まる。

ジェットカーの登場と山陽電鉄乗り入れ

阪急電鉄とのライバル関係はその後も続き、戦時下で全国の私鉄が統合される中、阪神電鉄は単独で生き残る。昭和29年9月には、梅田～三宮間をノンストップ25分で走る特急専用車両3011形を登場させる。当時の阪急電鉄の特急よりも速く、国鉄の急行24分に匹敵するスピードだった。

そして、ホームの端から隣の駅が見えるほど短い駅間で停車と発車を繰り返す各駅停車の車両向けには、新たに5001形を昭和33年7月から投入する。この車両は、その加減速性能の高さから「ジェットカー」と呼ばれた。昭和43年4月からは、神戸高速鉄道への乗り入れのため架線電圧を1500ボルトに上げ、阪急電鉄と同じく山陽電気鉄道（山陽電鉄）の須磨浦公園まで乗り入れた。

この乗り入れは、阪急電鉄が車両編成両数の増加により、平成10年2月14日で終了したが、阪神電鉄は、逆にその翌日から山陽電鉄の特急を梅田まで引き入れた。

新しい地下の神戸(現・神戸三宮)駅へ入線した831形電車。試乗会として「技補天号」のヘッドマークが付けられた。駅は4面3線の頭端式ホームで、地下2階から4基のエスカレーターで三宮阪神ビルのそごう神戸店と直結した。◎昭和8年6月14日　提供:朝日新聞社

住吉付近を走る3501形特急電車。「ジェットカー」の「青胴車」に対し、「赤胴車」と呼ばれた最初の形式。3501形は片運転台で、両運転台の3301形もある。◎昭和51年2月13日　撮影:野口昭雄

39. 2. 9 訂補　**梅田――元町**　㊐㊥㊤（阪神電鉄）

	特急		急行		準急		普通		キロ数	運賃	駅名	特急		急行		普通		
	初電	終電	初電	終電	初電	終電	初電	終電				初電	終電	初電	終電	初電	終電	…
…	912	2300	600	2349	707	1902	500	2400	0.0	円	発阪神梅田㊐着	929	2331	637	2338	602	045	…
…	レ	2313	617	006	739	1931	526	030	14.2	45	〃甲子園発	↿	2319	620	2321	535	015	…
…	926	2316	620		743		532	038	17.0	60	〃阪神西宮〃	915	2316	617	…	529	008	…
…	939	2330	634	…	朝夕混雑		559	108	31.3	90	〃阪神三ノ宮〃	902	2302	602	…	502	2337	…
…	941	2332	636	…	時のみ		601	110	32.2	90	着阪神元町発	900	2300	600	…	500	2335	…
…	…	…	…	…	800～1600運休		…	…	…	…	記事	…	…	…	…	…	…	…
…	12分		12分		12分		12分		…	…	運転間隔	12分		12分		12分		…

◎特急停車駅　昼間―西宮.芦屋.御影.三宮　夜間―甲子園.西宮.芦屋.御影.三宮

線名	初電	終電	運賃	キロ数	駅名	初電	終電	運転間隔
国道線	6 00 7 12	20 00 21 14	円 75	0.0 26.0	発野田着 着東神戸発	7 49 6 32	21 57 20 45	4―20分毎
北大阪線	5 50 6 05	23 20 23 35	円 15	0.0 4.3	発野田着 着天六発	5 45 5 30	23 15 23 00	4―20分毎
伝法線	5 05 5 17	23 45 23 57	円 30	0.0 5.5	発千鳥橋着 着尼崎発	4 52 4 45	23 43 23 31	10―15分毎
武庫川線	6 30 6 34	22 00 22 04	円 15	0.0 1.7	発武庫川着 着洲先発	6 40 6 36	22 10 22 06	5―20分毎
甲子園線	6 00 6 05 6 10	23 17 23 22 23 27	円 15 15	0.0 1.4 2.8	発上甲子園着 〃甲子園発 着浜甲子園発	6 22 6 17 6 12	23 40 23 35 23 30	5―20分毎

阪神電鉄の時刻表（昭和39年2月9日訂補）。

芦屋に停まる9300系電車。平成13年3月に梅田～山陽姫路間の直通特急用として登場し、山陽電鉄の5000系に倣って一部が転換クロスシートとなった。ホーム下を流れるのは芦屋川で上流には阪急電鉄の芦屋川もある。◎平成17年10月19日　撮影：野沢敬次

都会のローカル線から脱却

阪神電気鉄道阪神なんば線

区間▼尼崎～大阪難波（県内は尼崎～大物）
駅数▼11駅
全通年月日▼平成21（2009）年3月20日
路線距離▼10・1km
軌間▼1435mm

福～伝法間で新淀川を渡る阪神1000系と近鉄電車。伝法は大正13年1月20日開業時の終点だが、同年8月1日に千鳥橋まで延伸し大阪市電と連絡した。◎平成22年6月2日　撮影：野沢敬次

手前の本線との分岐点である大物に向かう1000系電車。近鉄との相互乗り入れ用に平成19年に投入された車両。出来島～大物間にて。◎平成22年6月10日　撮影：野沢敬次

戦前は日蔭の伝法線として営業

現在は、近畿日本鉄道の路線に乗り入れて、阪神電鉄の車両が近鉄奈良まで顔を出している阪神なんば線。

当初は伝法線と呼ばれ、昭和39年5月に西九条まで延伸して、大阪環状線・桜島線と接続した際に西大阪線と名称変更している。その伝法線時代は、本線の陰に隠れたローカル線だった。

そもそも明治44年8月には、野田～尼崎間が伝法線として軌道敷設の特許が下りていたが、なかなか着工されなかった。これは、当時、阪神間で電気鉄道の敷設を計画した出願者が多数存在し、彼らへの牽制の色合いが強かったためで、投資は、都市部に近い北大阪線（野田～天神橋間）が優先され、伝法線は後回しにされた。

大正13年1月になってようやく大物～伝法間が開業し、同年8月には千鳥橋へ延伸、昭和3年12月には尼崎へも延伸するが、戦前はそのまま延伸工事は中断される。

戦後もなかなか陽の目を見なかった

戦後、西九条に延伸して大阪環状線・桜島線と連絡し、昭和40年9月からは西九条～元町間で本線に直通する特急が走り出して、西大阪線にも光が当たるようになった。そこで、大阪中心部の難波へも延伸する計画が立てられる。

ところが、昭和42年8月に難波へ向けて着工された西九条～九条間の工事は、住民の反対運動で翌月には中断する。

そのまま工事は再開されず昭和49年12月には直通特急も廃止され、西大阪線は、再び都会のローカル線となった。

以来、苦節34年、平成13年になって難波延伸計画が動き出し、資金調達のため同年7月に西大阪高速鉄道が設立される。大阪府、大阪市、阪神電鉄が出資する第三セクターで、西九条～近鉄難波（現・大阪難波）間の鉄道建設を行い、完成後はそれを保有して、阪神電鉄に貸し出すという上下分離方式をとることで計画は実現に向けて動き出した。

平成21年3月、阪神電鉄は念願の難波延伸を果たし、路線名も阪神なんば線に改める。難波への延伸工事を始めてから42年後のことである。

阪神電気鉄道武庫川線

戦闘機の部品も運んでいた

区間▼武庫川～武庫川団地前(全区間県内)　路線距離▼1.7km
駅数▼4駅　軌間▼1435mm
全通年月日▼昭和18(1943)年11月21日　最高速度▼45km

武庫川沿いに走る7861形電車。2両編成のワンマン運転で運行されている。武庫川の川の上には本線の武庫川駅がある。東鳴尾～武庫川間にて。◎平成22年6月10日　撮影：野沢敬次

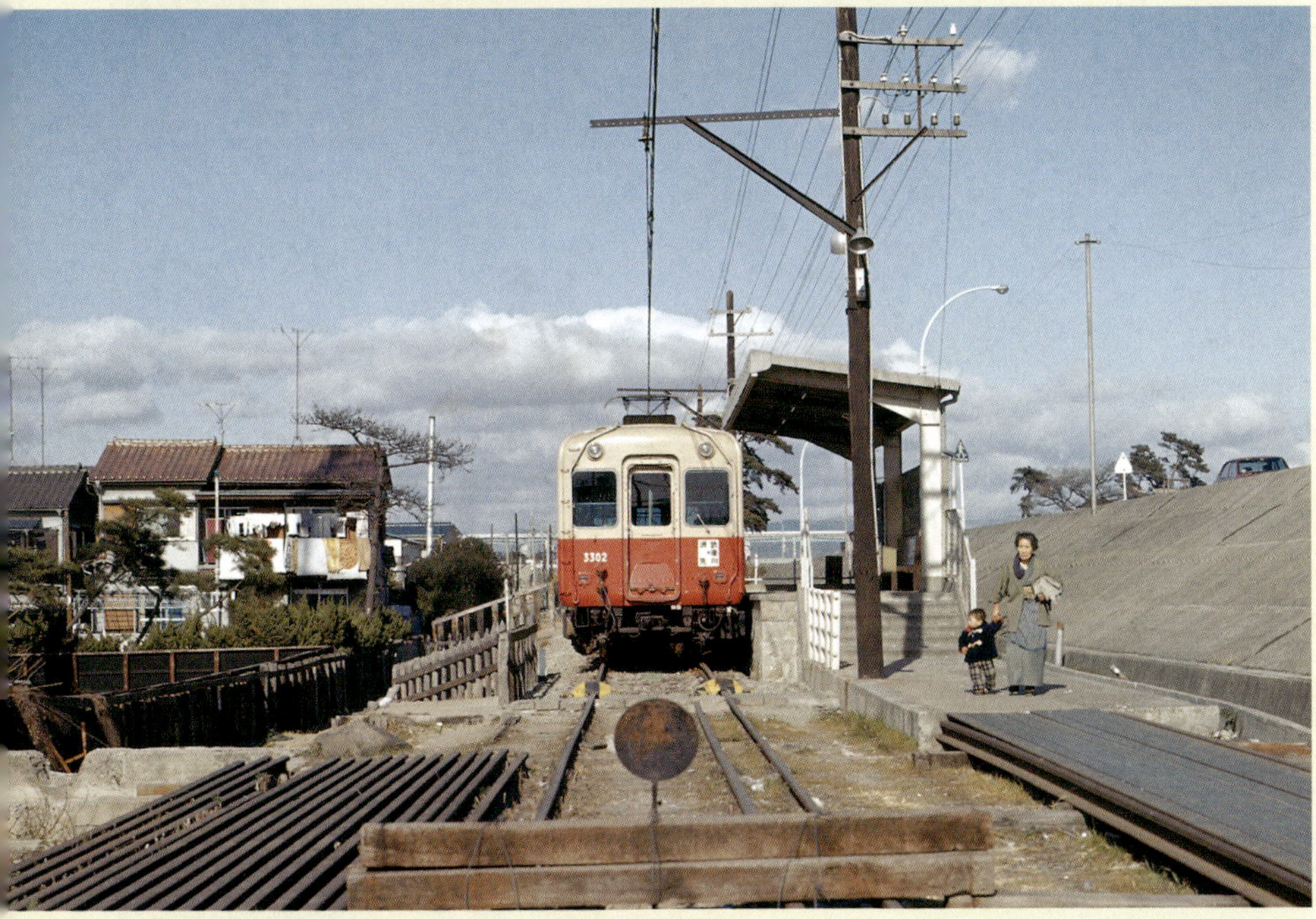

洲先に停まる3301形電車。両運転台の車両で単行運転も可能だった。昭和41年1月に路線が短縮されて簡易な車止めが設置された。◎昭和49年1月11日　撮影：安田就視

戦時下に軍事路線として建設し、被災

その名の通り武庫川の西岸沿いに敷設された武庫川線だが、唯一、阪神電鉄が自ら建設を意図した路線ではない。

太平洋戦争真っただ中の昭和18年、鳴尾浜にあった戦闘機を製造する川西航空機（現・新明和工業）の鳴尾製作所が大幅に拡張され、帝国海軍の鳴尾飛行場も開設された。

これに合わせて従業員や物資の輸送のために同年11月、帝国海軍の要請により武庫川～洲先（初代）間が開業している。突貫工事で地元の学生らも工事に加わったという。複線の敷地が用意されたが資材不足もあり単線となり、翌年11月には、東海道本線西ノ宮（現・西宮）までの連絡線も敷設された。

阪神電鉄とは軌間が異なるため、東海道本線に合わせてレールが1本追加された三線軌条で線路が敷かれた。

しかし、軍事施設や軍需工場は、当然アメリカの攻撃目標となり、昭和20年6月9日には戦略爆撃機B29の空襲により洲先駅は被災し、川西航空機の建物は6割が破壊され、豊年製油（現・J-オイルミルズ）の鳴尾工場は油槽が全部破壊されて操業不能に陥った。

大規模団地により軍用線から民生用へ

戦後、軍需工場への輸送がメインだった武庫川線は、昭和21年1月に武庫大橋（国道2号付近）～洲先間の旅客営業を一旦休止、昭和23年10月に武庫川～洲先間のみが再開される。その後、洲先の場所は、昭和41年1月に600メートルほど、北に移された。

そして、昭和50年代になると軍需工場跡地に再建された工場が公害等の問題で移転し、そこに西日本最大規模の団地が建設されることになる。日本住宅公団（現・都市再生機構）が手掛けた武庫川団地で、25階建ての建物もある全32棟のマンモス高層団地となり、7千世帯を超える街が新たに誕生した。武庫川線は新たな使命を託されることになる。

昭和54年3月に第1期1千520戸の入居が始まり、阪神電鉄は、昭和59年4月に洲先～武庫川団地前間を延伸開業し、住民の足となった。

異なる2つの鉄道が統合した

山陽電気鉄道本線

区間▼西代～山陽姫路(全線県内)　路線距離▼54・7km
駅数▼43駅　軌間▼1435mm
全通年月日▼明治43(1910)年3月15日　最高速度▼110km

舞子公園駅に進入する3000系特急電車。舞子公園は、兵庫電軌が大正6年4月に舞子駅として開業し、昭和10年8月1日に改称した。◎昭和62年6月10日　撮影:安田就視

妻鹿～電鉄飾磨(現・飾磨)間で市川を渡る200形電車。兵庫電軌時代の足回りに流線形の車体を載せて昭和11年から合計37両が製造された。◎昭和39年8月10日　撮影:安田就視

阪急と同じ時期に路面電車として開業

阪神に乗り入れて、大阪・梅田～姫路間に直通特急を走らせる山陽電気鉄道(山陽電鉄)の始まりや成り立ちは、少し阪急電鉄と似通っている。開業は、どちらも明治43年3月のことである。兵庫県内では官設の大阪～神戸間に続き、山陽鉄道が明治22年9月までに神戸～明石間を開業していたが、蒸気機関車による運行のため、駅間が長く近距離輸送には不向きだった。

このため阪急電鉄(当時は、箕面有馬電気軌道)同様に路面電車として、兵庫～須磨間を全線複線電化で開業した。

会社の名前は、兵庫電気軌道(兵庫電軌)。後に川西航空機(現・新明和工業)を創業する川西清兵衛らが設立した。

ほぼ全線が西国街道上の併用軌道で、集客のために明治43年7月には須磨浦海水浴場も開場したが業績は振るわず、同年12月には、阪急電鉄の創業者・小林一三翁を経営陣に迎え、大正6年4月に明石まで延伸して業績は改善する。

姫路への延伸で混乱し別会社が延伸

この頃、姫路への延伸を計画したが、既に国有の山陽本線があり、沿線人口も少ないので投資の賛否が割れ、社長の川西らは、別会社「明姫電気鉄道(明姫電鉄)」を設立して事業化を計画する。この内紛に目をつけたのが、播州鉄道(現・加古川線等)を買収した播磨の大地主・伊藤英一だった。

彼は兵庫電軌の株式を買い占めて、大正7年6月に川西を追放し社長となった。川西は新たに神戸～明石間に「神明急行電鉄(神明急行)」を設立し、明姫電鉄と合わせて神戸～姫路間に電化複線の高速鉄道を建設する構想を打ち立てた。

大正10年11月、神明急行の敷設免許は、明姫電鉄に譲渡され、明姫電鉄は、同年12月に神戸姫路電気鉄道(神姫電鉄)と改称した。同社は、大正12年8月、明石駅前(現・山陽明石)～姫路駅前(現・山陽姫路)間を開業する。

日本初の直流1500ボルトの高電圧を通し、全線複線の高規格路線で19メートル級の大型車両を走らせた。京阪電気鉄道が新京阪線(現・阪急電鉄京都本線)で同様の高規格路線を開業する4年以上前のことだった。

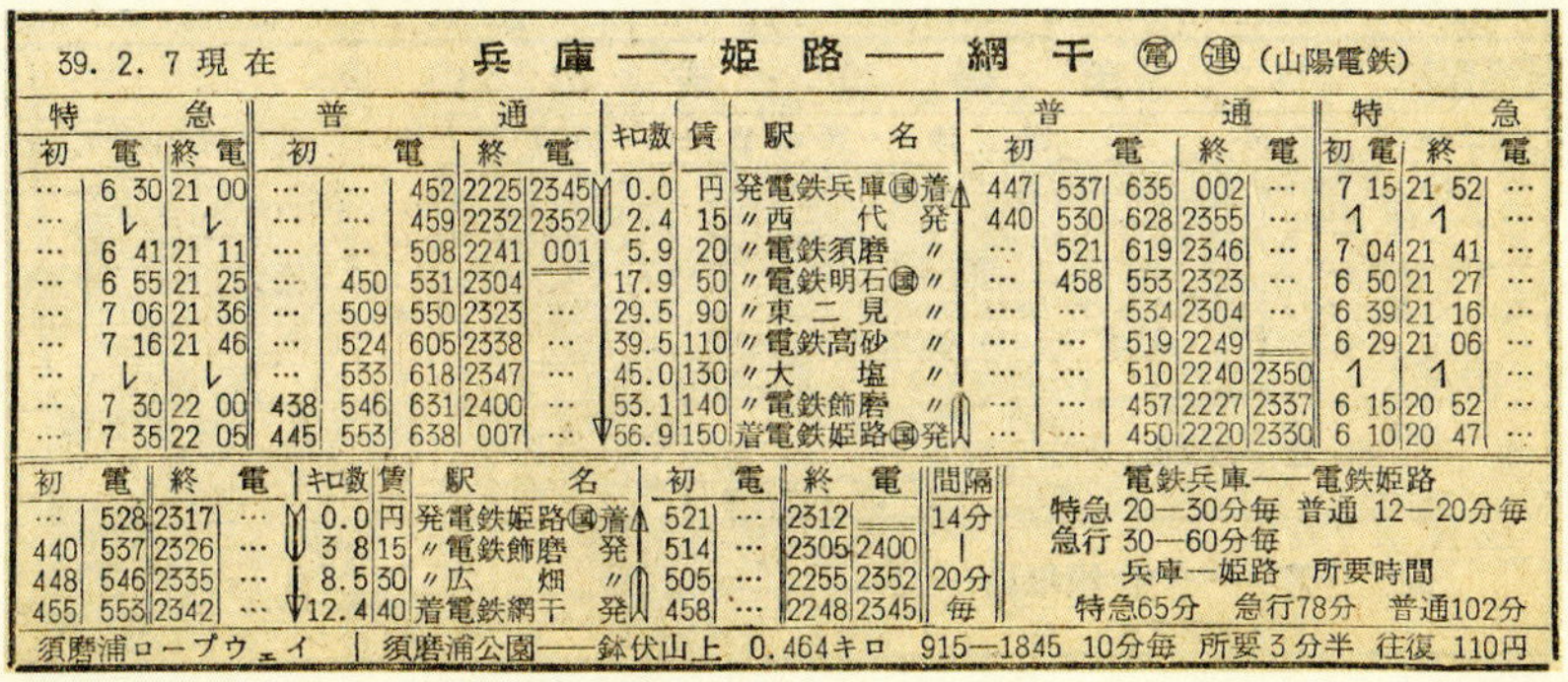

39. 2. 7現在　兵庫――姫路――網干 (電)(通)（山陽電鉄）

特急 初電		特急 終電	普通 初電			普通 終電		キロ数	賃	駅名	普通 初電			普通 終電		特急 初電	特急 終電	
…	6 30	21 00	…	…	452	2225	2345	0.0	円	発電鉄兵庫(国)着	447	537	635	002	…	7 15	21 52	…
…	レ	レ	…	…	459	2232	2352	2.4	15	〃西代発	440	530	628	2355	…	レ	レ	…
…	6 41	21 11	…	…	508	2241	001	5.9	20	〃電鉄須磨〃	…	521	619	2346	…	7 04	21 41	…
…	6 55	21 25	…	450	531	2304	═	17.9	50	〃電鉄明石(国)〃	…	458	553	2323	…	6 50	21 27	…
…	7 06	21 36	…	509	550	2323	…	29.5	90	〃東二見〃	…	…	534	2304	…	6 39	21 16	…
…	7 16	21 46	…	524	605	2338	…	39.5	110	〃電鉄高砂〃	…	…	519	2249	═	6 29	21 06	…
…	レ	レ	…	533	618	2347	…	45.0	130	〃大塩〃	…	…	510	2240	2350	レ	レ	…
…	7 30	22 00	438	546	631	2400	…	53.1	140	〃電鉄飾磨〃	…	…	457	2227	2337	6 15	20 52	…
…	7 35	22 05	445	553	638	007	…	56.9	150	着電鉄姫路(国)発	…	…	450	2220	2330	6 10	20 47	…

初電		終電		キロ数	賃	駅名	初電		終電		間隔
…	528	2317	…	0.0	円	発電鉄姫路(国)着	521	…	2312	═	14分
440	537	2326	…	3.8	15	〃電鉄飾磨発	514	…	2305	2400	｜
448	546	2335	…	8.5	30	〃広畑〃	505	…	2255	2352	20分
455	553	2342	…	12.4	40	着電鉄網干発	458	…	2248	2345	毎

電鉄兵庫――電鉄姫路
特急 20―30分毎　普通 12―20分毎
急行 30―60分毎
兵庫―姫路　所要時間
特急65分　急行78分　普通102分

須磨浦ロープウェイ｜須磨浦公園――鉢伏山上　0.464キロ　915―1845　10分毎　所要3分半　往復　110円

山陽電鉄の時刻表（昭和39年2月7日現在）。

左の2000系はスキンステンレス製の車体で昭和35年に製造。右は兵庫電軌時代からの電動貨車2号機。滝の茶屋駅にて。◎昭和50年5月9日　撮影：香山武慶

併用軌道時代の兵庫～西代間を走る250形電車。車体は大型車だが、250形の走行系機器は小型車からの流用だった。◎昭和43年4月6日　撮影：荻原二郎

浜の宮～尾上の松間で並走した3000系電車と0系新幹線。◎昭和55年10月　撮影：香山武慶

対立する両社は巨大企業に呑みこまれる

路面電車規格で600ボルトの兵庫電軌と高規格1500ボルトの神姫電鉄は、接続する明石でも別々に駅を持ち敵対していたが、この両社に近畿全域に電力を供給する巨大企業・宇治川電気が、電力の販売先として目を付ける。

大正15年、両社は、相次いで宇治川電気との合併を決議し、昭和2年、ともに宇治川電気の鉄道部となる。しかし、阪急の新京阪線と同様に電圧が異なるため、明石に電圧切換セクションを設けて、両方の電圧に対応した51形複電圧車を新製、翌年8月に兵庫～姫路間の直通運転にこぎつけた。車両の規格は小さい兵庫電軌の規格に合わせざるを得なかったが、同区間を急行が86分で走った。

神戸～明石間の高規格化は、当時、政府が進めていた神明国道(現・国道2号)の拡幅工事と同時に実施された。まず、昭和3年12月に山田（現・西舞子）～大蔵谷間が専用軌道化され、昭和6年12月には大蔵谷～明石駅前間も専用軌道となり、明石駅前の旧神姫電鉄との接続も短絡化された。

戦時下に業績は改善するも空爆で被災

昭和8年6月、宇治川電気の鉄道事業は新設された山陽電気鉄道に譲渡され、現在の姿となる。なお、山陽の社名は、昭和3年に宇治川電気が、飾磨～岡山間の鉄道敷設を出願したことに因むもの。山陽電鉄の沿線は少雨のために沿岸部には塩田が広がっていたが、昭和に入ると山陽製鋼（現・山陽特殊製鋼）や神戸製鋼所などの工場に変わっていく。

戦時下の昭和19年2月には、明石にあった電圧切換セクションが電鉄林崎（現・林崎松江海岸）の西側に移設される。これは、川崎航空機工業（現・川崎重工業）等の通勤輸送のために開設した電鉄林崎への運行効率化のためだった。

山陽電鉄はこれらの軍需工場への通勤輸送で潤うが、それは同時に空襲の対象ともなり、戦争末期になると度々空襲を受ける。昭和20年1月には、その電鉄林崎～藤江間が空襲により不通となり、同年6月には明石車両工場が空爆され31人が死亡、その後も電鉄飾磨等の駅舎が焼失し、電鉄姫路も破損、車両も多数の被害を受けた。

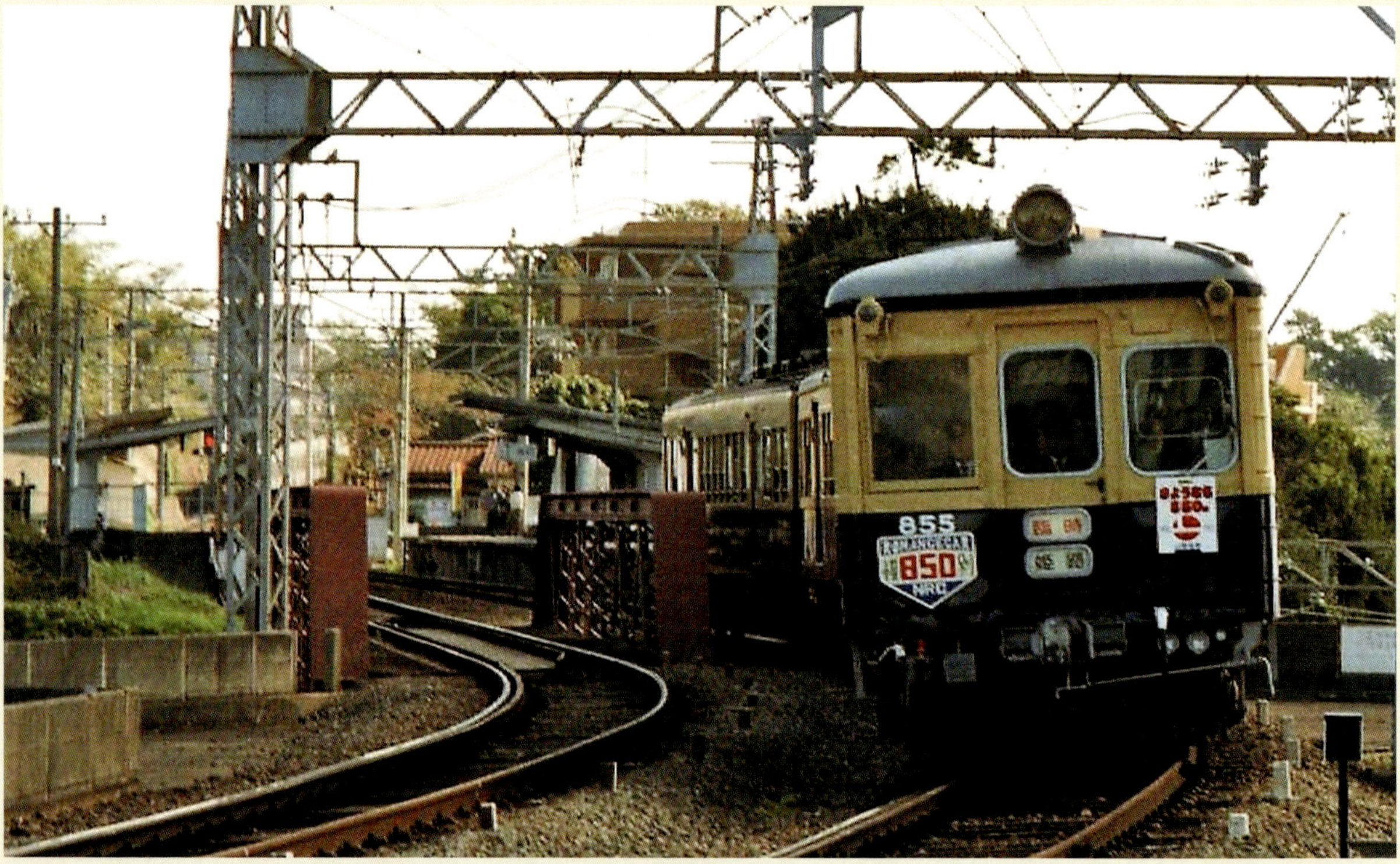

舞子公園～西舞子間を走る850形電車のさよなら運転。850形は昭和25年に登場した特急用車両で、前年に新製された820形とともに転換クロスシート装備のロマンスカーとして人気を博した。◎昭和58年10月　撮影：香山武慶

長田駅に停まる700形電車（左側）と250形電車（右側）。手前で平面交差するのは神戸市電の上沢線で、双方の架線電圧が異なるため交差点にはデッドセクション（無電圧区間）があった。市電500形がデッドセクションを惰力で通過する。◎昭和40年12月　提供：朝日新聞社

夢前川を渡り電鉄網干(当時)に向かう3000系電車。標準車両として量産された。◎昭和53年10月2日　撮影:香山武慶

電鉄姫路(現・山陽姫路)に停まる網干行き2000系電車。当時は電鉄姫路へも直通していた。◎昭和52年9月18日　撮影:香山武慶

西進の夢破れ、製鉄の街を繋ぐ

山陽電気鉄道網干線

区間▼飾磨～山陽網干(全線県内)
駅数▼7駅
全通年月日▼昭和15(1940)年10月15日
路線距離▼8.5km
軌間▼1435mm

電鉄網干(現・山陽網干)の850形(左)と2000系電車。850形は運輸省規格型の800形を改良した820形のモーター出力を、90kWから110kWに強化した車両。◎昭和52年9月18日　撮影:香山武慶

岡山延伸はできず軍需工場のために建設

飾磨から分岐して電鉄網干に至る網干線は、何度も西への延伸計画が浮上しては消えた。線形も飾磨から姫路までは急カーブで北上しており、網干線の方が本線に見える。

まず、社名の由来となった岡山への延伸計画だが、宇治川電気が出願した飾磨～岡山間の鉄道敷設は、鉄道省が有年～西大寺間の鉄道を計画していたため、飾磨～赤穂間だけの認可となり、採算が取れないと判断して凍結されていた。そこに昭和10年、軍需工場として日本製鐵(現・新日鉄住金)が広畑に製鉄所を建設することが決まった。

山陽電鉄は、昭和11年6月、電鉄飾磨(現・飾磨)～那波町(現・相生)間の敷設を申請、翌年4月には網干(現・山陽網干)までの早期交付を願い出て、1ヶ月後の5月に網干までの免許が下りた。

昭和15年10月に電鉄飾磨～夢前川間が開業し、順次延伸して翌年7月に網干まで全通する。沿線には、広畑製鐵所や大日本セルロイド(現・ダイセル)等の工場が立ち並び、網干線は通勤輸送に大活躍した。

戦後も赤穂を目指すも実現せず

戦後復興期、当時の運輸省は全国各地で不足する鉄道車両の標準規格化を進めていた。山陽電鉄にもモハ63形(山陽電鉄では800形)電車20両が割り当てられ、車両限界が大きい神姫電鉄が建設した区間から投入され、昭和22年5月に電鉄姫路～電鉄網干間で運転を開始した。

モハ63形が国鉄規格の狭軌ではなく標準軌に採用された唯一のケースで、その後、山陽電鉄は兵庫電軌が建設した区間の1500ボルトへの昇圧やホームの拡幅等の改修工事を行い、昭和23年12月には全線での運用を始めた。

昭和24年11月には、戦争で工事が中断されていた赤穂線の払い下げを念頭に、電鉄網干～赤穂間の鉄道敷設免許を再び出願し、昭和25年9月には相生で公聴会も開いた。しかし、地元は国鉄での赤穂線開業を求め、昭和27年1月に交付された免許は、相生を経由しないルートを求められ、結局、昭和46年9月に網干以西への延伸は断念した。

妙見口に停まる320形電車。当初は阪急からの借入車両。能勢電は平成25年3月に妙見山エリアを「妙見の森」と名付けて改修し、妙見口駅舎も改装した。◎昭和48年12月6日　撮影：安田就視

北極星信仰の妙見山への路線

能勢電鉄妙見線
鋼索線

区間▼川西能勢口～妙見口（県内は川西能勢口～笹部）
駅数▼14駅
全通年月日▼大正2（1913）年4月13日
路線距離▼12・2km
軌間▼1435mm
最高速度▼70km

多田に入線する50形電車。70形の台車の上に新製車体を載せて昭和28年から3両が投入された。◎昭和32年4月29日　撮影：高山禮蔵

能勢街道に沿って妙見山を目指した路線

北極星信仰の聖地である妙見山への参拝客や御料品となった三ツ矢印平野水（現・三ツ矢サイダー）の輸送のため明治38年3月に能勢電気鉄道（能勢電鉄）として阪鶴鉄道（現・JR福知山線）池田駅（現・川西池田駅）と接続する免許を出願したのが始まり。しかし、阪鶴鉄道の国有化が決まると同社の役員らが新たに箕面有馬電気軌道（箕有電軌、現・阪急電鉄）を立ち上げて大阪～箕面～有馬間の電気軌道の敷設を申請し、明治39年12月に特許される。

一方の能勢電鉄の申請は、一部に箕有電軌との並行区間が生じるなどの理由で認められなかった。このため接続を箕有電軌に変更し、軌間も阪鶴鉄道の狭軌から箕有電軌と同じ標準軌へ修正し、明治40年3月に能勢口（現・川西能勢口）～一ノ鳥居（現・一の鳥居）の敷設免許が交付された。

明治41年5月には社名を能勢電気軌道（能勢電軌）として会社を設立し、明治43年12月から工事に取り掛かる。なお、箕有電軌の能勢口は、この路線の開業直前に設置された。

工事は進まず破産も経験しながら全通

しかし、当時、箕有電軌ですら「イナゴやバッタが乗る」と揶揄されており、能勢電軌の工事も資金不足で遅々として進まなかった。その間、経営陣の内紛も起こり、大正2年4月に能勢口～一ノ鳥居間を開業するも、わずか1年4ヶ月後の大正3年8月には神戸地裁から破産宣告を受ける。

大正4年11月に経営体制を刷新し、大正6年8月には、鉄道院の福知山線となった池田（現・川西池田）への接続を果たして貨物輸送の便宜を図り、大正11年10月には、箕有電軌から名を改めた阪神急行電鉄（阪急電鉄）から出資を仰いで、翌年11月に一ノ鳥居～妙見（現・妙見口）間の延伸開業にこぎつけた。

また、大正11年2月にはケーブルの妙見鋼索鉄道が設立され、大正14年8月に開業した。滝谷（現・黒川）～中間および中間～妙見山の2つのケーブルで妙見山へのアプローチを実現し、能勢電軌の妙見から滝谷まではバスで連絡した。

39. 2. 7 現在 池田駅前—妙見㊒ (能勢電軌)	池田駅前——能勢口	池田発	650—1910	能勢口発	646—1906	0.7キロ	15円	3分	20分毎
	能勢口——妙見	能勢口発	550—2320	妙見発	546—2224	12.6キロ	55円	40分	20分毎
	能勢口——山下	能勢口発	610—740	山下発	619—759	8.4キロ	45円	26分	10分毎
	ケーブル	黒川——妙見山上	910—1710	相互発20分毎		0.6キロ	所要5分	50円	
	リフト	郷土館前——妙見山	930—1650	〃		0.6キロ	所要10分	30円	

能勢電軌の時刻表(昭和39年2月7日現在)。

畦野～山下間を走る500形電車。阪急が架線電圧を1500Vに昇圧して余剰となったため昭和42年に阪急から借り入れた。◎昭和58年10月23日　撮影:安田就視

阪急の2100系を冷房車に改造の上、ツートンカラーに塗りなおして登場したばかりの1500系。畦野～山下間にて。◎昭和58年10月23日　撮影:安田就視

麓の黒川からケーブル山上へ向かう2号車「ときめき」。昭和35年の再開時からの車両で、高低差223m、距離約600mを5分で登る。◎平成25年11月5日　撮影:野沢敬次

住宅開発を巡って西武鉄道が買収工作

戦後になると能勢電軌の沿線でも宅地開発が盛んになったが、能勢電軌には投資を行うような余力はまだ無かった。

そうした昭和35年6月、西武鉄道傘下の西武化学工業(当初は朝日化学肥料)が平野駅の西方で大規模団地造成のために山林231万平方メートルを取得した。そして、住民の足となる能勢電軌の買収に動く。能勢電軌は阪急電鉄に救済を依頼し、資本金の倍額増資を昭和36年8月と昭和38年1月の2度にわたって行い、その全額を阪急電鉄に引き受けてもらって阪急電鉄の子会社となる。このため西武化学工業は能勢電軌の買収を諦めて宅地開発のみを進め、昭和40年から「多田グリーンハイツ」として販売を開始した。

一方、能勢電軌は、増資により得た資金等で輸送力増強のため線形の改良工事に取り組む。昭和42年11月の川西能勢口～鶯の森間の複線化に始まり、昭和44年10月には、鶯の森～平野間も複線化し、途中の急な連続カーブ区間は、トンネルと新猪名川橋梁の架設によって新線に切り換えた。

改良工事を続け、昇圧して念願の梅田へ

その後も昭和58年3月の笹部第一トンネル竣工まで、毎年のようにトンネル掘削による新線への付け替えやそれに伴う駅の移設等の工事が続けられた。この笹部第一トンネルの貫通により大型車両の運行が可能となり、昭和58年8月から阪急電鉄の大型車両2100系を冷房化改造した1500系が4両連結で運行を始める。

宅地造成を行った後に新駅を開業して住宅地を販売する手法も取り入れられ、昭和43年7月に「ときわ台」、昭和53年10月には「光風台」にそれぞれ住宅地と同名の最寄り駅を開設した。また、昭和53年10月には、社名も能勢電鉄に改められた。

妙見山へのアプローチは、昭和19年2月にケーブルの運転が休止されてレール等を供出し昭和20年4月には会社が解散したが、その免許を能勢電軌が取得し、昭和35年4月に黒川～ケーブル山上間で開業、同年8月には、そこからリフトで妙見山まで到達した。

日生中央はニュータウンの玄関駅としてバス乗り場や駐車場、駐輪場等の設備が充実している。◎平成23年1月7日　撮影：野沢敬次

日生隧道から日生中央に到着する1500系電車。「妙見ケーブル・リフト運転再開50年」のヘッドマークを付けている。◎平成22年5月9日　撮影：堀井敬之

大手保険会社が建設した

能勢電鉄日生線

区間▼山下～日生中央（全区間県内）
駅数▼2駅
全通年月日▼昭和53（１９７８）年12月12日
路線距離▼2.6km
軌間▼１４３５mm
最高速度▼80km

山下～日生中央間を走る能勢電。平成年代の初期には、このクリーム色とオレンジ色のツートンカラーに塗られたが、現在は、阪急マルーンが基本となっている。◎平成10年10月　撮影：安田就視

大規模ニュータウンのために建設

ニュータウンの開発事業者の略称がそのまま路線名となった日生線。日本生命保険相互会社（日本生命）が、兵庫県の川西市から猪名川町に広がる阪急日生ニュータウンの計画を発表したのは昭和42年4月のこと。

町の計画人口は2万人で、中心部に始発駅を作ることもパンフレットに明記されていた。昭和44年6月には新しい都市計画法が施行され、川西市と猪名川町もそれに基づく地区計画を策定して、それぞれの地区ごとに建築物等に制限を加え、地区全体の景観の調和が図られた街となった。

ニュータウンは、昭和45年5月に起工式が行われ、昭和50年5月から入居が開始された。日生線は、昭和48年11月に敷設免許が出願され、翌年11月に認可。能勢電軌と日本生命が協定書を結び、日本生命が資金を提供することで昭和51年5月から日生線の建設工事が始まる。そして、昭和53年12月に日生線山下～日生中央間が開業した。

ニュータウンから梅田へ直通運転

阪急電鉄は、昭和44年8月に架線電圧を１５００ボルトに昇圧していたが、投資余力の無い能勢電軌は６００ボルトのままだった。笹子第一トンネルの竣工で大型車両が走行可能となっても、昭和58年8月に阪急電鉄から譲渡された車体長19メートルの大型車両２１００系は電圧を６００ボルトへ改造して１５００系として使用した。輸送力の増強のため阪急電鉄から多数の大型車両を導入して車両の大型化と冷房化の投資が優先されたためだった。

昭和61年に小型車を全廃してから昇圧化工事が始まり、平成7年3月、架線電圧を阪急電鉄と同じ１５００ボルトに昇圧することにより、平成9年11月からは「日生エクスプレス」が梅田～日生中央間の直通運転を開始、能勢電鉄の悲願だった梅田駅への乗り入れが実現した。

「日生エクスプレス」の運行は、当初は、平日朝の上りと夕方の下りがそれぞれ3本だったが、現在は平日朝の上りと夕方の下りそれぞれ7本が直通特急として運行され、平成29年11月には運行20周年を迎えている。

38・11・1訂補　粟生―北条町（北条線）園

キロ数	駅名	611D	613D	615D		617D	619D	621D		623D	625D	627D		629D	631D		633D	635D
0.0	粟生発	623	732	835	加古川発906	951	1136	1346	加古川発1522	1556	1700	1805	加古川発1843	1916	1946	加古川発2012	2044	2148
3.5	網引〃	629	738	841		957	1142	1352		1602	1706	1811		1922	1951		2049	2154
4.6	田原〃	631	740	843		1001	1146	1356		1604	1708	1813		1924	1954		2052	2156
6.1	法華口〃	635	744	847		1005	1150	1400		1608	1712	1817		1928	1957		2056	2200
8.0	播磨下里〃	639	748	851		1009	1154	1404		1612	1716	1821		1932	2001		2100	2204
9.8	長〃	643	752	855		1013	1158	1408		1616	1720	1825		1936	2005		2103	2208
11.4	播磨横田〃	646	755	858		1018	1203	1413		1619	1723	1828		1939	2008		2107	2211
13.8	北条町着	650	759	902		1023	1208	1418		1623	1727	1832		1943	2012		2111	2215

キロ数	駅名	612D		614D		616D	618D	620D		622D	624D	626D	628D	630D	632D	634D	636D
0.0	北条町発	511	加古川着612	550	加古川着651	657	802	924	加古川着1027	1045	1300	1445	1626	1732	1840	2015	2114
2.4	播磨横田〃	515		554		701	806	928		1049	1304	1449	1630	1736	1844	2020	2118
4.0	長〃	518		557		704	809	931		1053	1308	1453	1633	1739	1847	2023	2121
5.8	播磨下里〃	522		601		708	813	935		1057	1312	1457	1637	1743	1851	2026	2124
7.7	法華口〃	525		604		711	816	938		1102	1317	1502	1640	1746	1854	2030	2127
9.2	田原〃	528		608		715	820	942		1106	1321	1506	1644	1750	1858	2033	2130
10.3	網引〃	531		611		718	822	945		1109	1324	1509	1646	1752	1900	2036	2133
13.8	粟生着	536		616		724	828	950		1116	1331	1516	1652	1758	1906	2041	2138

北条線（粟生～北条町）の時刻表（昭和38年11月1日訂補）。

登録有形文化財の駅舎を持つ
北条鉄道北条線

区間▼粟生～北条町（全区間県内）
駅数▼8駅
全通年月日▼大正4（1915）年3月3日
路線距離▼13.7km
軌間▼1067㎜

北条町駅の入口には、「北條町驛」と書かれた立派な看板が掲げられていた。この駅舎は解体されたものの、看板は現在も北条町駅の待合室に飾られている。◎昭和38年3月10日　撮影：荻原二郎

小さな路線にも戦争の悲劇があった

加古川水系の舟運を鉄道化した播州鉄道が開業した支線の内、唯一残った路線で、他の三木線、鍛冶屋線、高砂線は、全て廃止されている。北条線は、加古川支流の万願寺川と下里川に沿って大正4年3月に粟生～北条町間全線が開業し、網引、法華口、長の各駅が設置された。

播州鉄道は、第1次世界大戦後の不況時に破綻し播丹鉄道に引き継がれるが、戦時下の昭和18年に国有化される。前年の10月には、法華口近くに海軍の航空隊基地（鶉野飛行場）が開場し、昭和19年12月には、川西航空機（現・新明和工業）の組み立て工場もでき、戦闘機の試験飛行が行われるようになった。これが北条線に悲劇をもたらす。

昭和20年3月31日、試験飛行中だった戦闘機「紫電改」が法華口～網引間で不時着し、尾輪が線路に接触してレールが歪められた。その直後にC12 189号機が牽引する満員の列車が通過、脱線・大破し12名が死亡、多数の重症者を出す大惨事となった。戦時下のため、この事故は長く秘匿されていたが、平成10年、滑走路跡に鶉野平和祈念の碑が建立され、C12 189号機の動輪は、「播州鉄道開業100周年」の平成27年に一時的に事故現場近くの網引に展示された。現在は、京都鉄道博物館に展示されている。

北条町に停まる気動車。右側の建物は、加西共同農業倉庫で、日本通運が貨物の荷役を請け負っていたが、昭和49年10月に貨物営業は廃止された。◎昭和38年3月13日　撮影：荻原二郎

鈴蘭台駅に停まるデ300形電車。昭和35年に登場し、扉間の座席はクロスシートとなり、出力75kWのモーターを1両当り4基搭載して2両ユニットで運転された。◎昭和36年5月2日　撮影：荻原二郎

急勾配で六甲山を越える
神戸電鉄有馬線、三田線

【有馬線】
区間▼湊川～有馬温泉（全区間県内）
駅数▼17駅（休止中の駅を含む）
全通年月日▼昭和3（1928）年11月28日
路線距離▼22.5km
軌間▼1067mm

【三田線】
区間▼有馬口～三田（全線県内）
駅数▼10駅（休止中の駅を含む）
全通年月日▼昭和3（1928）年11月28日
路線距離▼12.0km
軌間▼1067mm

三田線岡場～五社間を走るデ310形三田行き普通電車。デ300形を前面貫通形のロングシートにした車両で昭和37年に登場した。◎昭和61年4月　撮影：安田就視

阪急も諦めた有馬温泉へ神戸から挑む

太閤秀吉が愛でた有馬温泉への鉄道計画は日清戦争後に多数構想された。大阪から宝塚経由のルートは、阪急電鉄の前身、その名も「箕面有馬電気軌道」が敷設免許を取得したが実現には至らず、山脇延吉らが大正3年7月に設立した有馬鉄道に無償譲渡され、福知山線と接続する三田～有馬間のみが建設され大正4年に開業している。

神戸から直接、六甲山を越えるルートは当時の技術では困難で、昭和63年になってから北神トンネルの貫通により実現した。そして、神戸から有馬街道を登るルートが、現在の神戸電鉄・有馬線である。

計画したのは有馬鉄道と同じく山脇延吉。山脇は六甲山の北側にある道場生まれの政治家で、農村の自力更生を唱え、農民の生活向上のために大正15年3月、神戸有馬電気鉄道（神有電鉄）を設立し、昭和2年5月から工事を始めた。

源平合戦で知られる鵯越など六甲山を越えるため50パーミルの連続勾配と急カーブが続き工事は難航したが、昭和3年11月、湊川～電鉄有馬（現・有馬温泉）間が全通し、導入された電車は15メートル級と小ぶりながら架線電圧は1500ボルトの高電圧で95キロワットのモーターを備え、下り勾配に対応するため抑制ブレーキも装備していた。

農民の生活向上のために行商電車が走る

神有電鉄は、山脇の地元であり国有化された阪鶴鉄道（現・福知山線）の三田と接続する路線も有馬線とほぼ同時に計画を進めている。大正15年5月に三田～唐櫃（現・有馬口）間の敷設免許を出願し、昭和2年6月に免許が下りると翌年3月から工事を始め、有馬線開業の翌月である昭和3年12月に三田線が開業した。

沿線には、マツタケで有名だった五社やイチゴ狩りの二郎、山脇の生家のある道場河原（現・神鉄道場）などの駅を設け、阪神間への農産物の輸送や観光客の誘致に力を入れた。そのために「勧業電車」という地元農民が優待割引で乗車できる電車を走らせて、多数の農産物が行商で神戸市内へ運ばれた。

39. 2. 7 現在		湊川―有馬温泉―三田(遊)―粟生 (電)(連)（神戸電鉄）										
538	600	この間	2239	2306	キロ数	円	発湊川(国)着	618	656	この間	2255	2347
553	618	湊川発有馬・三田行	2255	2321	7.5	40	〃鈴蘭台発	604	642	有馬・三田発湊川行	2241	2333
617	645	28分毎	2319	2345	20.0	80	〃有馬口〃	541	618	28分毎	2218	2308
640	709	三田行急行	2341	‖	32.0	105	着三田(国)発	517	554	三田発急行 651.717	2154	2244
623	650	1349.1725.1804	2324	2350	22.5	90	着有馬温泉発	536	612		2212	2302
…	546	この間	2150	2302	0.0	円	発湊川(国)着	627	659	この間	2347	…
546	601	湊川発粟生行30分毎	2205	2318	7.5	40	〃鈴蘭台発	613	645	粟生発湊川行30分毎	2333	═
622	638	粟生行急行1842	2241	2352	26.9	100	〃電鉄三木〃	537	606	粟生発急行 634	2254	2325
644	658		2258	═	36.7	115	着粟生(国)発	…	548		2236	2309

神戸電鉄の時刻表（昭和39年2月7日現在）。

花山駅付近を走る神戸電鉄創立50周年記念列車。1100形電車による運行で1100形は昭和44年から製造された。◎昭和51年4月　撮影：脇水均氏

3000系の特急電車が有馬線神鉄六甲～大池間を行く。3000系は下り急勾配区間用に速度を自動抑制する制御装置が初搭載された。◎平成4年1月26日　撮影：堀井敬之

有馬線丸山～鵯越間を登る電車。鵯越には昭和13年8月29日に発生した衝突事故の犠牲者を慰霊するお地蔵様がある。◎平成17年7月23日　撮影：野沢敬次

有馬温泉駅は昭和3年11月の有馬線開業時に「電鉄有馬」として設置され、その後すぐに今の名称にした。現在の駅舎は、平成元年10月31日に竣工。◎昭和48年12月6日　撮影：安田就視

有馬線鈴蘭台に停まるクハ151形電車。鈴蘭台は、昭和3年11月28日の神戸有馬電気鉄道開業日に小部として設置され、昭和7年8月1日に改称された。◎昭和39年　撮影：高山禮蔵

鈴蘭台を発車したデ800形。デ1形などの走行機器の上に新製車体を載せた更新改造車で、昭和37年から製造された。◎昭和39年8月2日　撮影：高山禮蔵

有馬線の有馬口に停まるデ1形（左）とデ201形。デ1形は創業時に導入した15m級電車で、急勾配用に抑速ブレーキを装備していた。デ201形は、昭和23年に営業運転に就いた。◎昭和39年8月2日　撮影：高山禮蔵

粟生線葉多～粟生間で加古川を渡る1100形電車。◎平成23年1月31日　撮影：堀井敬之

公園都市線ウッディタウン中央～南ウッディタウン間を走る2000系電車。平成3年の開業時に投入された。◎平成10年11月18日　撮影：安田就視

歴史ある路線と戦後の新線

神戸電鉄粟生線 公園都市線

区間▼鈴蘭台～粟生(全区間県内)
駅数▼20駅
全通年月日▼昭和11(1936)年12月28日
路線距離▼29.2km
軌間▼1067mm
最高速度▼85km

区間▼横山～ウッディタウン中央(全区間県内)
駅数▼4駅
全通年月日▼平成3(1991)年10月28日
路線距離▼5.5km
軌間▼1067mm
最高速度▼80km

鈴蘭台を発車した粟生線のデ1形電車。デ1形は、創業時の神戸有馬電気鉄道が昭和3年から昭和4年にかけて製造した。◎昭和39年　撮影：高山禮蔵

当初、三木までの路線だった粟生線

三木は豊臣秀吉が合戦後に行った復興策により大工道具を中心にした金物産業が発達し、大正時代には播州鉄道が路線を敷いた。しかし、神戸側へ直接行くルートが無いため、神有電鉄は、昭和2年1月に、小部(現・鈴蘭台)～三木間(三木線)の敷設免許を申請し、翌年7月には免許の交付を受けた。残念ながら、神有電鉄の業績は芳しくなく建設資金の目途が立たずに免許はそのまま放置される。

昭和11年6月、資金調達のため新たに三木電気鉄道(三木電鉄)を設立し同社に免許を譲渡、同年12月に鈴蘭台(小部から改称)～広野ゴルフ場前間が開業した。終点は昭和7年にオープンした廣野ゴルフ倶楽部の入口に設置され、三木電鉄は、同倶楽部に会員権を持つ財界人からの出資を受けていた。このため開業後は「ゴルフ電車」という展望電車「テン1形」を連結した特別列車も運行された。

その後、順次延伸開業を続け、昭和13年1月に三木福有橋(現・三木)まで開通する。前年には三木～粟生間の延伸免許も出願されたが、播丹鉄道(現・加古川線他)らの反対もあり却下された。粟生への延伸は戦後の昭和21年9月に再出願され、翌年1月には三木電鉄は、神有電鉄と合併して神有三木電気鉄道(神三電鉄)となり同年12月に免許の交付を受ける。まず、三木福有橋～電鉄小野間が昭和26年12月に開業し、翌年4月に粟生まで延伸して、鈴蘭台～粟生間が全通。路線名は粟生線と改称した。

ニュータウンへ向かう公園都市線

神三電鉄は、昭和24年4月に神戸電気鉄道と改称し、昭和63年4月に現在の神戸電鉄となる。その頃「神戸三田国際公園都市」の開発が本格化し神戸電鉄は、そのアクセスとして公園都市線の敷設を計画。昭和62年12月に着工し、同時に輸送量の増加が見込まれる三田線の電鉄横山(現・横山)～三田間の複線化工事も始める。平成2年5月には横山駅が移設され、平成3年3月に横山～三田間が複線化し、10月に横山～フラワータウン間が公園都市線として開業した。平成8年3月にはウッディタウン中央まで延伸する。

智頭急行の開業に合わせて新製されたHOT7000系気動車の「スーパーはくと」。平福〜佐用間は、高架やトンネルの多い同線では数少ない地上区間である。◎平成26年7月17日　撮影:野沢敬次

明治の構想が平成に実現した

智頭急行智頭線

区間▼上郡〜智頭（県内は上郡〜石井）
駅数▼14駅
全通年月日▼平成6（1994）年12月3日
路線距離▼56.1km
軌間▼1067mm
最高速度▼130km

鳥取駅で行われた智頭線開業セレモニー。新しい第3セクター智頭線を経由する特急「スーパーはくと4号」が多くの人々に見送られて新大阪へ向け出発する。◎平成6年12月　提供:朝日新聞社

困難の末、明治の悲願が達成された路線

京阪神と鳥取を結ぶ智頭急行は、平成6年12月に開業した新しい路線だが、その構想は明治時代に遡る。沿線の住民や自治体にとっては、正に百年越しの悲願達成なのである。

明治25年6月に鉄道敷設法が公布されると姫路〜鳥取〜境港間のルートが示され、地元では鳥取〜姫路間を結ぶ姫鳥線の建設運動が巻き起こった。大正11年4月の改正鉄道敷設法では、「兵庫県上郡ヨリ佐用ヲ経テ鳥取県智頭ニ至ル鉄道」が別表に掲載された。しかし、兵庫、岡山、鳥取3県の県境を貫くルートは、難工事のためそのまま時が過ぎた。

戦後、転機が訪れる。昭和37年3月の鉄道建設審議会で上郡〜智頭間を智頭線として建設することが決まり、測量調査を経て昭和41年5月に佐用町で起工式が行われた。

昭和48年には、岡山県と鳥取県の県境に全長5592メートルの志戸坂トンネルが貫通、明治の悲願はようやく実現するかと思われた矢先、膨大な累積赤字を抱えた日本国有鉄道は、昭和54年12月に不採算な新規の路線建設の中止を求められ、工事は中止に追い込まれた。智頭線の1日の推定輸送密度が3900人と工事を継続できる基準の4千人にわずかに届かなかったためである。

智頭急行により大幅な時間短縮を実現

しかし、地元は諦めなかった。昭和61年5月に鳥取、岡山、兵庫の3県と関係12市町村および銀行等が出資した第三セクターの智頭鉄道を創立し、同年12月に地方鉄道事業の免許および工事施行認可を得て、翌年2月に智頭駅での工事再開の起工式に漕ぎ着けた。平成2年6月には、高速化のため路盤・設備等の改良を決定し、社名も平成6年6月に智頭急行と改めた。同年12月に智頭急行は開業し、播但線経由の特急「はまかぜ」で約4時間かかった大阪〜鳥取間を特急「スーパーはくと」が最速2時間34分で駆け抜けた。

新製投入されたHOT7000系気動車は「制御付自然振子方式」を採用し、355馬力のエンジンを各車両に2台搭載して、最急勾配が20パーミルの山岳路線にも関わらず最高時速130キロの営業運転を可能とした。

平福～佐用間を駆けるHOT3500形気動車。開業時に新製され、普通列車用ながら特急用と同じエンジンを搭載し最高時速110キロのハイパワーを誇る。◎平成9年4月19日　撮影：野沢敬次

キハ181系特急「はくと」が平福～佐用間を快走する。当時、「はくと」は新大阪～倉吉間で1往復が運行されていた。◎平成9年4月20日　撮影：野沢敬次

兵庫県内にある宮津線（現・宮豊線）唯一の但馬三江（現・コウノトリの郷）駅。近くの兵庫県立コウノトリの郷公園にちなみ、平成27年4月1日に改称した。◎平成23年2月5日　撮影：堀井敬之

京都丹後鉄道宮豊線

丹後半島を横断して天橋立へ

区間▼宮津～豊岡（県内はコウノトリの郷～豊岡）
駅数▼13駅
全通年月日▼大正13（1924）年4月12日
路線距離▼58.9km
軌間▼1067mm
最高速度▼85km

宮津線を豊岡に向かうキハ181系特急「あさしお」。当時は、京都から舞鶴線・宮津線・山陰本線経由で城崎（現・城崎温泉）を結んでいた。◎昭和62年2月15日　撮影：野沢敬次

丹後縮緬を京都へ運ぶ路線として計画

宮豊線とは聞きなれない路線名かも知れないが、平成27年4月より北近畿タンゴ鉄道から上下分離方式で列車の運行を引き継いだＷＩＬＬＥＲ ＴＲＡＩＮＳが宮津～豊岡間に付けた路線名。この内、豊岡～コウノトリの郷（元・但馬三江）、そして府県境の馬地トンネルまでが兵庫県になる。

宮豊線の前身の宮津線の歴史は古く、明治20年には、関西鉄道（現・関西本線ほか）が丹後縮緬の輸送を念頭に宮津から由良、由良からは由良川沿いに河守、福知山を経て京都西陣までの鉄道を計画したのが始まり。

この計画は実現しなかったが、大正6年には京都府主導でルートの選定や測量が行われ、大正10年7月に舞鶴～宮津～峰山までのルートが峰山線として決定し、大正13年4月に峰山線の舞鶴（現・西舞鶴）～宮津間が開業した。

その後も部分開業を続け、大正14年11月に丹後山田～峰山間が開通して峰山線は全通した。

宮津線として優等列車も走りだす

峰山～豊岡間は、峰豊線として工事が進められた。昭和元年12月に峰山～網野間が開通、昭和4年12月には久美浜～豊岡間、昭和6年5月には網野～丹後木津（現・夕日ヶ浦木津温泉）間がそれぞれ開通。昭和7年8月に残った丹後木津～久美浜間が開通して峰豊線は全通し、峰山線と合わせて舞鶴～豊岡間が鉄道で繋がり宮津線と線名を変更した。

日本三景・天橋立を沿線に持つ宮津線は観光路線としても発展し、昭和34年9月からは、京都から山陰本線・舞鶴線経由で天橋立に向かう準急「丹後」が運行を開始し、昭和39年12月からは、金沢～小浜～宮津～出雲市間を走る急行「あさしお」が走り出す。

この「あさしお」は、ヨンサントウ（昭和43年10月）の白紙ダイヤ大改正で急行「大社」に統合されるが、昭和47年10月、京都～米子・倉吉・城崎（現・城崎温泉）間を走るキハ80系特急の愛称として復活する。そして特急「あさしお」の1往復は、舞鶴線・宮津線経由となった。

38.10. 1 訂補　**西舞鶴——天橋立——豊岡（宮津線）** 園 500台＝国

舞鶴線 214～215頁参照

キロ数	駅名	531	111D	113D	115D	117D	533		905D	907D
	始発	…	…	…	…	…	京都 645	┐	京都 939	京都 1020
0.0	西舞鶴発	435	553	644	750	829	1002	（京都西舞鶴間 921）	1127	1214
5.5	四所〃	444	601	652	758	837	1012		レ	レ
9.1	東雲〃	451	606	703	803	842	1018		1準	準
12.8	丹後神崎〃	レ	611	708	808	848	レ		レ	レ
14.6	丹後由良〃	459	617	714	811	851	1027		レ	レ
20.3	栗田〃	509	625	725	819	900	1036		レ	レ
24.9	宮津〃	518	631	732	825	922	1046	…	1157	1245
29.3	天橋立〃	525		739		930	1055	…	1204	1252
32.9	岩滝口〃	531	…	744	…	936	1102	…	（丹後1号）	（丹後2号）
35.8	丹後山田〃	537	…	748	…	948	1108	…		
42.9	丹後大宮〃	553	…	759	…	1001	1124	…		
48.5	峰山〃	602	…	805	…	1011	1133	…		
55.7	網野〃	612	…	814	…	1023	1143	…	…	…
61.3	丹後木津〃	626	…	826	…	1032	1154	…	…	…
66.6	丹後神野〃	636	…	834	…	1039	1204	…	…	…
69.8	甲山〃	642	…	839	…	1044	レ	…	…	…
72.1	久美浜〃	650	…	847	…	1049	1213	…	…	…
80.8	但馬三江〃	709	…	902	…	1102	1230	…	…	…
84.0	豊岡着	715	…	907	…	1106	1236	…	…	…

キロ数	駅名	535	325D	119D	537		2705D		121D	123D	125D	909D	127D	129D
	始発	…	京都 1119	…	京都 1255	┐	大阪 1400	…	…	福知山 1726	…	京都 1745	…	…
0.0	西舞鶴発	1236	1349	1450	1550	（京都西舞鶴間 923）	1658	┐（大阪福知山間 705D 1準）	1730	1826	1940	2002	2102	2143
5.5	四所〃	1245	1357	1502	1600		1準		1738	1834	1948	準	2114	2151
9.1	東雲〃	1252	1402	1512	1610		（丹波1号）		1743	1839	1953	（丹後3号）	2119	2156
12.8	丹後神崎〃	レ	1407	1517	1616				1748	1844	1958		2124	2201
14.6	丹後由良〃	1300	1410	1520	1622				1752	1847	2001		2127	2204
20.3	栗田〃	1310	1418	1528	1632				1803	1855	2009		2135	2212
24.9	宮津〃	1319	1425	1538	1641	…	1727		1810	1902	2016	2031	2141	2219
29.3	天橋立〃	1327	1431	1546	1649	…	1734		1818	1908	2022	2038	2147	2225
32.9	岩滝口〃	1333	…	1551	1655	…	レ	…	1824	…	2030	レ	2152	2230
35.8	丹後山田〃	1338	…	1555	1701	…	レ	…	1832	…	2034	2049	2157	2234
42.9	丹後大宮〃	1354	…	1606	1720	…	レ	（以下200頁）	1846	…	2046	2101	2208	
48.5	峰山〃	1403	…	1612	1736	…	1758		1910	…	2052	2108	2214	…
55.7	網野〃	1413	…	1621	1746	…	レ		1919	…	2100	2117		…
61.3	丹後木津〃	1424	…	1630	1758	…	レ		1931	…	2109	レ	…	…
66.6	丹後神野〃	1434	…	1637	1807	…	レ		1946	…	2117	レ	…	…
69.8	甲山〃	レ	…	1643	レ	…	レ	城崎着 1858	1951	…	2122	レ	…	…
72.1	久美浜〃	1444	…	1653	1842	…	レ		1955	…	2126	2142	…	…
80.8	但馬三江〃	1502	…	1706	1859	…	レ		2009	…	2139	レ	…	…
84.0	豊岡着	1507	…	1711	1905	…	1844	┘	2013	…	2144	2159	…	…

宮津線（西舞鶴～豊岡）の時刻表（昭和38年10月1日訂補）。

丹後大宮（現・京丹後大宮）駅に停まるKTR700形気動車。北近畿タンゴ鉄道への転換時に導入された普通列車用の車両。◎平成23年2月5日　撮影：堀井敬之

KTR001形特急「タンゴエクスプローラー」は、平成2年4月1日に宮津線が北近畿タンゴ鉄道へ移管して以降、特急として大阪・京都へ乗り入れていた。◎平成9年4月12日　撮影：野沢敬次

峰豊線（後・宮津線）として工事中の円山川橋梁。3300形蒸気機関車がレールや枕木を積んだ「リ1形土運車」を前後に連結して工事現場へ向かう。3300形は米国ボールドウィン社製タンク機関車で、各地の新線建設に使われていた。◎昭和4年11月　提供：朝日新聞社

北神トンネルを抜けて新神戸に進入する1000形電車。市営地下鉄開業時に4両編成6本が製造され、平成元年までに6両編成化して計18本が導入された。◎平成22年12月17日　撮影：野沢敬次

規格の異なる2つの地下鉄

神戸市交通局（地下鉄）西神・山手線、海岸線

区間▼新神戸～西神中央（全区間県内）
駅数▼16駅
全通年月日▼昭和52（1977）年3月13日
路線距離▼22・7㎞
軌間▼1435㎜
最高速度▼90㎞

区間▼三宮・花時計前～新長田（全区間県内）
駅数▼10駅
全通年月日▼平成13（2001）年7月7日
路線距離▼7・9㎞
軌間▼1435㎜
最高速度▼70㎞

名谷～総合運動公園間の車窓に見える名谷車両基地。西神・山手線の全ての車両が所属し、定期点検や保守も行っている。◎平成22年12月17日　撮影：野沢敬次

一時は、高架化も検討された地下鉄路線

神戸市内も大阪や京都と同様に戦前には市電網が張り巡らされたが、昭和40年代に入ると道路には車が溢れ、渋滞で市電の運行も妨げられるようになる。昭和41年12月には、神戸市が市電の一部路線を高架にして高速化する構想を発表したが、国鉄線との立体交差や景観上の問題から実現せず、代わって運輸省（現・国土交通省）の諮問機関である神戸市交通事業審議会が、昭和44年11月に地下鉄化を答申。

昭和46年3月には神戸市電が全廃され、翌年11月に西神線の名谷～新長田間が着工される。

3路線が一体運用される西神・山手線

昭和51年2月には、新製された日本初の全車冷房車両1000形の試運転が始まり、昭和52年3月に同線が開業した。また、同年12月には、山手線として新長田～新神戸間の工事が始まり、昭和57年8月からは、名谷～西神ニュータウン間の西神延伸線も着工された。

昭和58年6月には、山手線の新長田～大倉山間が部分開業し、昭和60年6月には、山手線が新神戸まで全通し、西神延長線の学園都市までが開業する。昭和62年3月に西神延長線は西神中央まで達し、現在の西神・山手線が全通する。

なお、列車の運行は当初からこの3路線を一体として運行され、昭和63年4月に北神急行電鉄が開業すると六甲山の北側にある谷上までの直通運転も始まった。

ミニ地下鉄として建設された海岸線

神戸市電廃止から20年以上経過してから、かつての和田・高松線や兵庫線に沿う地下鉄路線の計画が動き出す。

平成5年4月に海岸線として三宮～新長田間の免許が交付され、翌年4月に着工された。大阪等で導入されていた鉄輪式リニアモーター方式が採用され、トンネル断面を小型化して投資額を抑えている。工事期間中に阪神・淡路大震災が起こり、完成時期が遅れたが、平成13年7月に三宮・花時計～新長田間が開業し、車体長16メートルの小ぶりな5000形電車が、4両編成で10本、計40両新製された。

御崎公園に停まる海岸線の5000形電車。保守や維持コストを下げる方針で設計され、自動の車内放送機器などを搭載。◎平成22年12月17日　撮影：野沢敬次

三宮に到着する西神・山手線の3000形電車。平成5年と6年に6両編成計6本が増備された神戸市営地下鉄初のVVVFインバータ制御車。◎平成22年11月29日　撮影：野沢敬次

新長田駅で行われた神戸市営地下鉄・西神線（新長田〜名谷間）の発車式。当時の宮崎神戸市長らがテープカットした。◎昭和52年3月13日　提供：朝日新聞社

営業前日に高速神戸駅で行われた神戸高速鉄道の開通式。テープカットするのは高松宮妃殿下。画面左に阪神電鉄、右に阪急電鉄の電車が並んでいる。◎昭和43年4月6日　提供：朝日新聞社

神戸の鉄道網を短絡・効率化

神戸高速鉄道
北神急行電鉄

区間▼新神戸～谷上（全区間県内）　**路線距離**▼7・5㎞
駅数▼2駅　**軌間**▼1435㎜
全通年月日▼昭和63（1988）年4月2日

神戸の鉄道ジャンクション神戸高速鉄道

神戸市内への鉄道は、既に戦前には、東から阪急電鉄（阪急）・神戸（現・神戸三宮）駅と阪神電鉄（阪神）・三宮駅、西からは、山陽電鉄の電鉄兵庫駅、そして、北からは神有電鉄（現・神戸電鉄）が湊川駅まで乗り入れていたが、この4社を繋ぐ路線は無く、乗り継ぎは、主に神戸市電が使われた。

戦後、道路事情が悪化すると4社を地下で接続させる構想が浮上し、昭和33年10月2日に神戸高速鉄道が設立された。この時、阪急と阪神は、直接、山陽電鉄へ乗り入れることとなり、従来の架線電圧600ボルトを山陽電鉄の1500ボルトへ昇圧する必要が生じた。

阪急は、昭和42年10月、阪神も同年11月に昇圧し、昭和43年4月7日、神戸高速鉄道が開業した。

阪急と阪神は高速神戸を経由して山陽電鉄の須磨浦公園まで乗り入れ、一方、山陽電鉄は、阪急の六甲、阪神の大石まで乗り入れた。また、神戸電鉄は、地下路線で新開地まで延伸し、神戸高速鉄道の新開地で乗換できるようにした。

明治の構想を実現した北神急行電鉄

神戸から六甲山を越えて有馬温泉へ向かう鉄道計画は、日清戦争後の好景気の頃には検討されていたが実現せず、ケーブルとバスで山越えしていた。戦後、トンネル掘削技術が向上し、六甲山の北側に大規模なニュータウンを建設する計画が具体化すると再びこのルートが注目された。

昭和54年10月に北神急行電鉄が設立され、工事は日本鉄道建設公団が行うこととなり、昭和55年12月に着工。

昭和59年8月には、全長7千276メートルの北神トンネルが貫通し、昭和63年4月に新神戸～谷上間が開業した。全区間のほとんどがトンネルで33・3パーミルの急勾配が連続している。また、トンネル内の架線は、1本250メートルの長さの剛体電車線と呼ばれる断線しない構造の架線が採用された。

神戸市営地下鉄の西神・山手線と相互に直通運転を行うことから新製された7000系は、市営地下鉄と基本仕様は同じで、当初5両編成5本が投入された。

谷上横抗から見た北神トンネル内。谷上横抗は、北神急行電鉄のイベントにおいて、一般に公開され人気を博している。◎平成29年7月25日 協力:北神急行電鉄　撮影:野沢敬次

谷上に停まる北神急行電鉄の7000系電車。基本仕様は市営地下鉄と同じだが、モーター出力は170kWと1000形の130kWからパワーアップした。◎平成22年11月29日　撮影:野沢敬次

六甲山を背にポートアイランドへ向かう8000形車両。ポートターミナルにて。◎昭和56年12月16日　撮影：安田就視

六甲アイランド線住吉～魚崎間を行く1000形車両。◎平成10年11月16日　撮影：安田就視

海上の人工島へのアプローチ

神戸新交通 ポートアイランド線 六甲アイランド線

区間▼住三宮～神戸空港（本線）　市民広場～中公園（支線）
駅数▼12駅
全通年月日▼昭和56（１９８１）年２月５日
路線距離▼10・８㎞（本線：８・２㎞、支線２・６㎞）
軌間▼１７４０㎜
最高速度▼70㎞

区間▼住吉～マリンパーク（全区間県内）
駅数▼６駅
全通年月日▼平成２（１９９０）年２月21日
路線距離▼４・５㎞
軌間▼１７００㎜
最高速度▼62・５㎞（運行速度）

ポートアイランド線ポートターミナル～中公園間で神戸大橋を渡る8000形車両。◎平成2年5月22日　撮影：安田就視

「山、海へ行く」で生まれた人工島へ

神戸の街は、北側に六甲山系の山地が聳え、南側には海を臨む平坦地が少ない地形であり、戦後、都市開発のために「山、海へ行く」として神戸市は、山地の土砂を削ってニュータウンを開発すると共にその土砂を総延長13キロに及ぶベルトコンベヤーで海上へ運んで埋め立てて来た。

昭和40年代に入ると、ポートアイランドと六甲アイランドという大規模な埋立て工事が計画された。ポートアイランドは三宮の沖合４３６ヘクタールの海面を埋立て、六甲アイランドは魚崎の沖合５８０ヘクタールを埋立するもので、コンテナバースを含む港湾設備に加えて、高層住宅や学術研究機関を持つ新しい海上都市の建設を目ざした。

神戸新交通は、この２つの人工島への交通アクセスとして、昭和52年7月に神戸市などが出資して設立された。

博覧会デビューのポートアイランド線

昭和56年2月にポートアイランド線の三宮～中公園～北埠頭～中公園間が開業し、中公園から北埠頭へは反時計回りの周回運行となり、自動運転をする８０００形に添乗員が乗務していた。同年3月～9月にかけて神戸ポートアイランド博覧会が開催され、ポートライナーとして大活躍。

昭和57年8月からは、添乗員を同乗させない世界初の無人運転を開始し、その後、平成18年2月には、神戸空港の開港に備えて市民広場～神戸空港間が延伸開業し、空港アクセスと島内環状運転の2系統で運行されるようになった。また、新たに6両編成の２０００形３本が登場し、一世を風靡した８０００形は、平成21年11月に引退した。

平成生まれの六甲アイランド線

昭和47年から埋め立てが始まった六甲アイランドでは、平成2年2月に住吉～マリンパーク間の六甲アイランド線が六甲ライナーの愛称で開業した。そして１０００形の４両編成９本が新製投入された。１０００形は将来の６両編成化も考慮に入れて設計されている。

3章

廃止路線

- 三木鉄道三木線
- 国鉄鍛冶屋線
- 国鉄高砂線
- 国鉄の臨港線、市場線
- 国鉄有馬線、国鉄福知山線旧線
- 篠山鉄道、国鉄篠山線、出石鉄道
- 明神鉄道、明延神新軌道、波賀森林鉄道
- 別府鉄道 野口線、土山線
- 神戸市交通局(路面電車)
- 赤穂鉄道、北沢産業 網干鉄道、播電鉄道
- 淡路交通 鉄道線
- 能勢電鉄 妙見線(国鉄前線)、妙見鋼索鉄道(上部線)、日本無軌道電車(花屋敷～新花屋敷)
- 阪神電気鉄道 尼崎海岸線、武庫川線(省線西ノ宮接続線)、阪急電鉄 上筒井線、山陽電気鉄道本線切換(兵庫～西代、明石市内)
- 阪神電気鉄道軌道線(甲子園線、国道線)、阪神電気鉄道本線切換(岩屋～滝道)、姫路市営モノレール

別府鉄道野口線坂井駅のキハ2号。坂井駅は昭和12年10月23日に地元が用地を提供して開業した。◎昭和55年9月7日　撮影：安田就視

孤軍奮闘の末、平成に廃止した
三木鉄道三木線

区間▼厄神～三木
駅数▼9駅
全通年月日▼大正6（1917）年11月22日
廃止年月日▼平成20（2008）年4月1日
路線距離▼6.6km
軌間▼1067mm

三木鉄道の石野駅は播丹鉄道が別所まで開業した大正5年11月22日に設置された。◎平成17年9月 撮影：野沢敬次

厄神駅3番乗り場に停まる三木線のキハ06形46号車。キハ06形はATSが国鉄全路線に整備された昭和41年をもって営業運転を終了した。◎昭和34年1月16日　撮影：荻原二郎

播州鉄道が水運から鉄道輸送へ転換

三木線は、加古川水系の舟運を鉄道輸送に転換するため設立された播州鉄道の支線の1つだが、数奇な運命を辿った末、平成20年4月1日に廃止された。

金物の街・三木は、戦国時代に秀吉の城攻めで焼け野原となったが、その秀吉が町の復興策として年貢などを免除して各地に逃げた町民を呼び戻し、家屋の再建を進めた。

各地から大工職人や道具を作る鍛冶職人も集まり、町が復興すると大工らは、各地に出稼ぎに行き、その先々で持参した道具の良さが評価され注文を受けるようになる。

江戸時代には鍛冶屋や問屋も増え、金物の町・三木の礎が出来上がる。その原料や製品の運搬には、主に舟が使われ、美嚢川から加古川へと運ばれた。その後、播州鉄道が舟に代わって鉄道を敷き、大正5年11月22日に国包～別所間、翌年1月23日に別所～三木間を開通させた。

貨物の廃止で窮地に立ち復活を図るが

元々がこの貨物輸送をメインとした路線で、神戸や大阪に向かう乗客には不便だった。播州鉄道は、大正11年10月に破綻し、翌年12月に播丹鉄道として再出発するも金物は、軍事物資でもあり昭和18年6月に国有化された。

戦後も加古川～三木間を直通運転する列車は運行されていたが、トラック輸送の発達により昭和49年10月末で貨物営業は廃止され、三木線は窮地に立つ。

昭和55年12月には、「日本国有鉄道経営再建促進特別措置法（国鉄再建法）」が公布され、三木線も第一次特定地方交通線としてバス転換の対象路線となった。

三木線の廃止は目前となったが、昭和59年5月に地元自治体や兵庫県は、第三セクターとしての存続を決定し、昭和60年4月からレールバスによる運行が始まる。

翌年4月には、4つの途中駅を設置して、地元住民の便宜を図ったが、国鉄時代は直通していた加古川へは、厄神で乗換となり、乗客減少に歯止めはかからなかった。

最後は地元・三木市の市長選の争点ともなり、廃止派の市長が当選し、平成20年4月10日に廃止された。

稔の秋を迎えた田園地帯を走るミキ300形。第三セクター開業時に導入されたレールバスで、廃止後、ミキ300形104号は北条鉄道が購入した。西這田～石野◎平成17年9月9日　撮影：野沢敬次

乗客で賑わう国鉄時代の三木駅。三木鉄道の廃止後もこの駅舎は残され、平成22年6月に改修されて三木鉄道記念公園となった。◎昭和48年12月5日　撮影：安田就視

国鉄鍛冶屋線

野村での分岐が災いして廃止

区間▼野村～鍛冶屋（全区間県内）
駅数▼7駅
全通年月日▼大正2（1913）年8月10日
廃止年月日▼平成2（1990）年4月1日
路線距離▼13・2㎞
軌間▼1067㎜

曽我井～中村町間を走るキハ36形気動車。◎昭和56年4月17日　撮影：安田就視

鍛冶屋線の鍛冶屋駅は大正12年5月12日に開業して終点となった。その先、杉原谷村（現・多可町加美区）への延伸計画もあったが、実現しなかった。◎昭和36年8月11日　撮影：荻原二郎

「播州織」の発展に貢献した鉄道

鍛冶屋線は、播州鉄道が建設した加古川水系の路線では、最初は西脇までが本線だった。西脇は、播州平野の北部に位置し、「播州織」という織物業が盛んな街。

播州織は、宮大工だった飛田安兵衛が寛政4（1792）年に京都・西陣から帰郷して織機を作ったのが始まりと伝わる。西脇のある播磨国では、雨が少ない気候を生かして原料の綿花が栽培され、野間川、加古川などの河川が集り染色業に不可欠な水も豊富で織物業が発展する素地が整っていた。

その織物の輸送を担ったのが、播州鉄道で、鉄道開通により「播州織」の名は全国に広がった。

戦後は、アメリカ市場の開拓等により空前の好況期が訪れる。織機が一度「ガチャ」っと音をたてると1万円が儲かると言われる「ガチャマン景気」を迎え、女子工員が集団就職で西日本各地から鍛冶屋線に乗って西脇へやって来た。

加古川線の全通により運命は分かれる

大正2年8月に西脇まで開通した播州鉄道は、その後、なかなか延伸できず、堪りかねた同社の大株主で地主の藤井滋吉が私財を提供して大正10年5月に西脇～市原間を開業させた。しかし、同社は大正11年10月に経営破綻する。

その後、地元の寄付や土地の寄贈を受けて延伸工事を続け、大正12年5月に西脇～鍛冶屋間を鍛冶屋線として開業し、同年12月に設立された播丹鉄道へ営業を引き継いだ。

播丹鉄道は、翌年12月に野村（現・西脇市）～谷川間を開業させ谷川線とするが、これが後に鍛冶屋線に悲劇をもたらす。播丹鉄道時代は、加古川～西脇間が播丹鉄道本線で、西脇～鍛冶屋間が鍛冶屋線だったが、国有化により、野村～鍛冶屋間が新たに鍛冶屋線となった。

そして、国鉄再建法により昭和62年2月、鍛冶屋線は、第三次特定地方交通線に指定された。同年4月にJR西日本へ引き継がれた後も協議が続き、第三セクターやバス転換、野村～西脇間の一部存続等が検討された。

残念ながら昭和63年12月に廃止が決まる。平成2年4月1日でその歴史を閉じ、野村駅が西脇市駅と改称した。

播磨工業地帯で活躍した
国鉄高砂線

区間▼加古川～高砂港（全区間県内）
駅数▼7駅
全通年月日▼大正2（1913）年12月1日
全通年月日▼昭和59（1984）年12月1日
路線距離▼8.0km
軌間▼1067mm

高砂駅に停まるキハ06形気動車。高砂から先に伸びる貨物専用線は、軍用線の他にも高砂からは鐘渕紡績や三菱製紙などへ、高砂港からは三菱電機などの工場へ繋がっていた。◎昭和36年11月28日　撮影：荻原二郎

野口駅に進入するキハ35形気動車。奥に停まるのは別府鉄道のキハ101。キハ101は昭和49年に別府鉄道に入線し同線廃止時まで活躍した。◎昭和58年10月28日　撮影：安田就視

高砂駅は大正3年9月に開業したが、終着駅ではなく貨物線が高砂港（当初・高砂浦）まで伸び、夏には海水浴客を乗せた列車も入線した。◎昭和38年11月28日　撮影：荻原二郎

工業地帯となった白砂青松の浜への鉄道

高砂は、加古川の河口に広がる古くからの港町で、姫路城の石垣にも使われた凝灰岩の竜山石や塩田などの地場産業に加えて、江戸時代には加古川上流から運ばれて来る年貢米の積み出し港として栄えた。

明治21年に山陽鉄道（現・山陽本線）が、開通すると鉄道による貨物輸送が注目を浴び、沿岸部の塩田は工業地帯へと変貌していく。明治34年の三菱製紙工場の進出に始まり紡績や肥料など多数の工場が林立した。

播州鉄道は、これらの鉄道輸送を目指して、大正2年12月1日に加古川町～高砂口（翌年廃止）間を開業し、翌年9月25日に高砂浦（後・高砂港）まで延伸した。

加古川町駅は、大正4年5月14日には国有化された山陽本線加古川駅と統合され、貨客の効率化も図られる。

軍事工場により貨物輸送が隆盛を極める

高砂線の特徴は、貨物線の先がそれぞれの工場や港湾施設への専用線へと何本も枝分かれしていた点だ。

昭和16年には、高砂駅の西側に帝国陸軍の大阪砲兵工廠播磨製造所が建設され、高砂からは、特別な専用線が引き込まれた。このため、播州鉄道から替わった播丹鉄道は、戦時下の昭和18年6月に買収されて国有となる。

一般旅客営業は、加古川～高砂間とし、その先は貨物専用線（高砂～高砂港間）となった。

戦後、この軍事工場は、国鉄に払い下げられ、高砂工場として車両のメンテナンスや改造工事を手掛け、末期には「サロンカーなにわ」の改造も行った。

戦後復興期まで貨客共に大活躍した高砂線だが、モータリゼーションという津波の直撃を受け、昭和45年には42万7千トンあった年間貨物輸送量が、昭和55年には23万6千トンと激減した。

国鉄再建法では、第一次特定地方交通線に指定され、昭和56年9月に廃止の方針が決まる。昭和59年1月末に貨物専用線が廃止され、同年3月末には国鉄高砂工場も廃業。同年12月1日で旅客線もバス転換された。

国鉄の臨港線、市場線

神戸港など多くの港に敷設

国鉄の臨港線・市場線

名　称	区　間	営業距離(km)	開　業	廃　止
神戸港臨港線	灘聯絡所(後・東灘信号所) ～小野浜荷物取扱所(後・神戸港)	4.8	明治40年8月20日	平成15年12月1日
	小野浜～神戸港 (旅客・手荷物取扱停車場)	1.5	大正13年8月3日	〃
	神戸港～湊川	2.4	昭和3年12月1日	昭和60年3月1日
	神戸港～摩耶埠頭	4.5	昭和47年4月20日	昭和61年11月1日
兵庫臨港線	兵庫～和田岬町(後・和田岬)	2.8	明治23年7月8日	昭和59年2月1日
	兵庫～新川荷扱所(後・新川)	1.5	明治44年11月1日	〃
	新川～神戸市場	1.2	昭和7年12月16日	〃
	新川～兵庫港	1.9	昭和8年6月21日	〃
尼崎港線 (福知山線)	塚口～長洲(後・廃止) ～尼ヶ崎(後・尼崎港)	4.6	明治26年12月12日 (長洲～尼ヶ崎間) 明治27年3月6日 (塚口へ延伸)	昭和59年2月1日
尼崎市場線	尼崎～尼崎市場	1.5	昭和42年10月1日	昭和55年10月1日
飾磨港線 (播但線)	姫路～飾磨(後・飾磨港)	5.6	明治28年4月17日	昭和61年11月1日
姫路市場線	姫路～姫路市場	1.5	昭和32年3月27日	昭和54年11月1日

神戸臨港線の8620形蒸気機関車が牽く貨物列車。入れ換え扱いのため係員が添乗し、汽笛代わりに鐘を鳴らして「カンカン」列車と親しまれた。◎昭和36年5月　提供：朝日新聞社

神戸港の臨港線は旅客も運んだ

兵庫県には、港湾施設と結び付いた鉄道網が数多く存在した。中でも神戸港への路線は、船便による貨物輸送だけではなく、客船の乗客輸送にも活躍した。

大正13年8月に神戸港に停車場ができると「ボート・トレイン」と呼ばれる豪華客船との連絡列車が走り始める。日本旅行協会(現・JTB)が発行した鉄道省編纂の「汽車時間表」昭和9年12月号には、京都～神戸港間を「日本郵船會社歐州航路汽船神戸港出帆日ニ限リ運轉」と不定期列車として記載されている。

兵庫港臨港線は、兵庫から和田岬線に沿って伸び、新川から分かれて昭和7年12月に造られた神戸市中央卸売市場と兵庫港の港湾設備へと続いていた。

姫路港にも同様に臨港線や市場線が敷設されていた。

これらの臨港線や市場線は、コンテナ貨物船とトレーラーの登場等により国鉄末期に次々と廃止され、神戸港臨港線のみがJR貨物に引き継がれたが、その後廃止された。

尼崎港線の尼崎乗降場。尼崎港線は明治26年12月に摂津鉄道が開業した路線。◎昭和33年1月12日　撮影：高山禮蔵

有馬線の有馬駅前に架かる乙倉橋付近に飾られた「国鉄有馬線開通式典」のレリーフ。◎平成22年4月7日　撮影：野沢敬次

福知山線生瀬～武田尾間の廃線跡は、遊歩道として鉄橋にも欄干が取り付けられたが、トンネル内には照明が無い。◎平成29年7月25日　撮影：野沢敬次

戦前とJR化直前の廃止線

国鉄有馬線、国鉄福知山線旧線

有馬線有馬口～有馬間の十八丁川に架けられた鉄橋の橋台跡。有馬線は接収直前にはC12形蒸気機関車が入線し、有馬から三田へは客車が先のバック運転だった。◎平成22年4月7日　撮影：野沢敬次

地元民のために政治家が建設した有馬線

神戸電鉄を創業した地元の政治家、山脇延吉が関西の財界人らの出資を得て大正3年7月に有馬鉄道を設立し、同年9月に着工。有馬に向けて最後は33パーミルの急勾配となったが、大正4年4月に三田～有馬間を開業させた。

実際の運営は、鉄道省が借り上げて運行し、大正8年3月には、鉄道院が買収して有馬線となる。福知山線の列車と併結して有馬～大阪間の直通列車も走った。

しかし、戦時色が濃くなると不要不急路線として昭和18年7月1日で休止され、レール等は篠山線の建設資材に転用された。そして、戦後も再開することなく廃止となる。

JR化を控えて難所を短絡した福知山線

国鉄の分割民営化を翌年に控えた昭和61年8月、武庫川沿いに急カーブや狭いトンネルが続く、宝塚～三田間が新線に切り換えられて複線化された。同年11月には電化され武田尾も移転し、その廃線跡は一部遊歩道となっている。

福知山旧線は遊歩道だが、JR西日本は「落石等による事故の責任は持たない。」としている。◎平成29年7月25日　撮影：野沢敬次

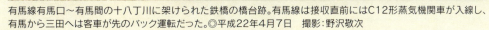

38.10. 1 訂補									篠山口――福住（篠山線）										図
11D	13D	15D	17D	19D		21D	23D	キロ数	駅名		12D	14D	16D	18D	20D		22D	24D	
421	614	813	1223	1552	┐	1725	1955	0.0	発	囲篠山口 着	545	749	1030	1505	1714	┐	1853	2118	…
430	623	822	1232	1601	（運休日休）	1734	2004	5.8	〃	篠山 発	536	740	1021	1456	1705	（運休日休）	1844	2109	…
437	630	829	1239	1608		1742	2011	8.3	〃	八上 〃	530	734	1015	1450	1659		1838	2103	…
442	635	834	1244	1614		1748	2016	10.6	〃	丹波日置 〃	522	726	1007	1442	1651		1830	2055	…
452	645	844	1254	1621	…	1758	2026	14.2	〃	村雲 〃	515	719	1001	1436	1644	…	1824	2049	…
500	653	852	1302	1629	…	1806	2034	17.6	着	福住 発	508	711	953	1428	1637	…	1816	2041	…

篠山線（篠山口～福住）の時刻表（昭和38年10月1日訂補）。

篠山鉄道のレカ1号機は、昭和9年に日本車輌製造にて作られた。篠山にて。◎昭和10年頃　撮影：牧野俊介

出石鉄道のガ2号機は、昭和4年に梅鉢鐵工所（後の帝国車輌工業）で製造された。出石にて。◎昭和15年10月　撮影：牧野俊介

キハ17形気動車2両編成のお別れ列車を篠山駅で見送る地元住民や鉄道ファンたち。篠山駅は市街地の外れに設置され、戦後も利用者は伸びなかった。◎昭和47年2月29日　提供：朝日新聞社

丹波や但馬地方の廃止路線

篠山鉄道、出石鉄道

国鉄篠山線

区間▼篠山口～福住
駅数▼6駅
全通年月日▼昭和19（1944）年3月21日
廃止年月日▼昭和47（1972）年3月1日
路線距離▼17.6㎞
軌間▼1067㎜

軍隊輸送を狙ったが失敗した篠山鉄道

日露戦争が終わり富国強兵の下、明治39年9月、篠山に歩兵第七十連隊の設置が決定し、明治41年3月、大阪で編成した約千人の将兵が篠山に移動して来た。

篠山軽便鉄道（後・篠山鉄道）は、この連隊への物資や人の輸送を目的に大正4年9月12日に弁天（後・篠山、現・篠山口）～篠山町（初代）間が開業した。

しかし、連隊の将校は馬で移動し、兵隊の多くは徒歩だったため輸送は伸びず、大正10年2月15日には、篠山町駅を町の中心部へ移したが、路線バスの登場で苦戦する。

その後、戦時中に新たに篠山線が建設されることになり、篠山鉄道は、損失補填を受けて昭和19年3月20日に廃止。鉄道資材は、阪神・武庫川線の延伸工事に使われた。

軍事目的で建設された篠山線

戦時中に福住村などで産出される製鉄用融和剤の硅石やマンガンを運ぶために計画された篠山線。軍事鉄道とはいえ地元の待ち望んだ鉄道建設で、住民らの「勤労報国隊」が結成され、資材は休止された有馬線から運ばれて突貫工事で建設された。昭和19年3月21日、開通式を迎える。

戦後は、当初掲げられた園田への延伸も検討されたが貨客共に減少が続き、昭和43年には赤字路線として廃止が地元に通告された。交渉の結果、昭和47年2月28日までの運行継続と福知山線の複線電化が盛り込まれ、昭和47年2月29日に「お別れ列車」が1往復運行された。

水害と戦争で消失、住民保有の出石鉄道

明治42年7月に豊岡まで鉄道が通ると出石でも鉄道敷設の機運が高まり、地元政治家が建設に動くが資金不足で中断。その後、地元住民約2千人が株主となり出石鉄道を設立して、昭和4年7月21日に江原～出石間が開業。

地元住民が造った貴重な鉄道だったが、2度も水害で円山川の橋脚が流失して渡船連絡を余儀なくされ、最後は、軍から資材供出を迫られる。昭和19年5月に一部を残して休止。再開できずに昭和45年7月20日に廃止された。

鉱石や木材を運搬した鉄道

明神鉄道、明延神新軌道 波賀森林鉄道

明延鉱山は、明治期に三菱合資会社へ払い下げられ、明神鉄道も同社が開業した。その後、分社や統合を経て明延鉱業となり鉱山は昭和62年に閉山した。◎昭和54年2月18日　撮影：香山武慶

明延鉱山の「1円電車」はカラフルな色で塗装され、「白金号」は、水色の屋根に運転席周りが白、その下が黄色だった。現在、NPO法人が復元して活動中。◎昭和30年　撮影：山本雅生

「1円電車」と呼ばれた明神鉄道

但馬の明延鉱山と神子畑鉱山を長大トンネルで結んでいた鉱山鉄道で、昭和24年に専用客車を導入して、鉱山関係者以外の一般人にも開放した。乗車賃は、昭和60年11月の廃止まで1円（当初一般人は10円）だったため1円電車と呼ばれ、観光客にも親しまれた。

明延鉱山の歴史は古く飛鳥時代には銅山として採掘が始まる。一方の神子畑は、明治時代に金鉱山として隆盛を極めるが大正時代には鉱脈が枯渇し、明延鉱山の鉱石選鉱場となっていた。この二つの鉱山を結ぶため大正6年8月からトンネル掘削工事に取り掛かる。硬い岩盤を掘り進める工事は難航を極め、昭和4年4月にようやく貫通して開業。幅762ミリの軌道で、明延～神子畑間を結んだ。

播但線と接続した明延神新軌道

神子畑選鉱場と播但線の新井を結んだ鉱山鉄道で、元々は、神子畑鉱山の金鉱石を生野鉱山製錬所まで運ぶため、明治22年に敷設された馬車鉄道が始まり。

明治34年8月に播但鉄道が新井まで延伸するとルートを変更し、神子畑～新井間に幅500ミリの軌道を敷設して神新軌道となる。新井側は、進藤林業軌道の線路を利用し、軌間が異なるため3線軌条となっていた。

馬車道時代に造られ神新軌道にも受け継がれた神子畑鋳鉄橋は、日本最古の全鋳鉄橋で国の重要文化財。

播州宍粟は山の国・波賀森林鉄道ほか

森林鉄道は国有林を管轄する国が所有した路線が大半で、国有の全路線数は、1千路線、総延長は8千キロ以上に及んだ。兵庫県内にも、波賀森林鉄道、坂の谷森林鉄道、川原山森林鉄道、畑ヶ平森林鉄道（上部軌道、霧ヶ滝線）、進藤林業軌道などの森林鉄道が敷かれ、中でも宍粟市波賀町の波賀森林鉄道は、総延長が24キロに及んだ。

大正時代から上野貯木場に向けて昭和22年まで各支線が造られたが、昭和30年代になるとトラック輸送に順次切り替わり、昭和42年7月15日に全廃された。

小さなレカやSLが走った

別府鉄道野口線・土山線

《野口線》
区間▼野口～別府港　駅数▼7駅
全通年月日▼大正10（1921）年9月3日
廃止年月日▼昭和59（1984）年2月1日
路線距離▼4・4km
軌間▼1067mm

《土山線》
区間▼別府港～土山　駅数▼3駅
全通年月日▼大正12（1923）年3月1日
廃止年月日▼昭和59（1984）年2月1日
路線距離▼4・1km
軌間▼1067mm

別府港に停まるC型タンクの蒸気機関車。別府鉄道は肥料の貨物輸送のために建設されたが、別府港周辺も昭和30年代は海が綺麗で潮干狩りや海水浴客でにぎわった。◎昭和29年10月　撮影：園田正雄

土山線の中野付近を走る別府鉄道2号C型タンク機関車と木造の2軸ボギー台車の客車。蒸気機関車は昭和42年まで活躍した。◎昭和40年　撮影：中西進一郎

自社の製品輸送のために建設

明治18年に日本初の人造肥料として安価な骨粉の製造を開始した多木久米次郎が、自社製品の輸送のために創業したのが別府鉄道。当初は、別府軽便鉄道として、大正4年7月に設立され、大正10年9月3日に野口線の港口（貨物専用）～別府港～野口間を開業した。

貨物だけではなく一般客も乗せた貨客混合列車が走り、運行は播州鉄道に委託、野口で同鉄道高砂線と連絡した。

大正12年3月18日には、土山線別府港～土山間も開業して山陽本線と接続した。その間に播州鉄道が経営破綻したため野口線と合わせて自社運行を始める。

別府港にあった多木製肥所（現・多木化学）の製品は、土山線ができると同線経由で山陽本線へ運ばれ、全国へと出荷された。野口線は、加古川方面へ出かける住民の足となり、途中駅が昭和7年に円長寺と別府口、昭和12年に坂井とそれぞれ設けられたが、円長寺と坂井は、地元住民が用地を提供した「請願駅」だった。

赤字国鉄の改革の波を受け廃止

昭和7年に気動車が導入されるまでは、鉄道省払い下げの小型SLが客車や貨車を牽引し、貨物列車には、戦後も昭和42年までSLが使われた。レカ（レール・カー）と呼ばれる全長7．4メートル、片側1扉のガソリン気動車も使われ、小さな車体が人気を呼んだ。

しかし、軍部の圧力がこの小さな鉄道にも襲い掛かる。昭和19年11月、野口線は突然、線路の撤去を命じられ、翌年1月に休止。一方、貨物輸送の土山線は難を逃れた。

戦後、昭和21年4月に社名を別府鉄道と改め、昭和22年5月に野口線も復旧。モノ不足でレカは木炭車に改造されてヤミ市や農村への乗客を乗せ1日13往復も運転された。

昭和40年代には、野口線は気動車が単行で行き来し、土山線はDLが木造客車1両と貨車を牽引していた。

多木化学などの貨物輸送は続いたが、赤字の国鉄は貨物輸送の改革を実施。昭和59年2月1日から土山駅での貨物取り扱いを廃止し、別府鉄道の命運も同日に尽きた。

39. 2. 7現在	土　山ー別府港ー野　口 ㊖ (別府鉄道)(別府港ー野口圏)																	
…	…	…	717	914	1321	1538	1735↓	キロ数	円	発土　山国着↑	650	804	1219	1500	1630	…	…	…
…	…	…	731	928	1335	1552	1749	4.0	20	着別府港発	636	750	1205	1446	1616	…	…	…

641	721	この間800.842.1002.1115	1643	1723↓	キロ数	円	発別府港着↑	717	757	この間 830. 937.1101.1143	1819
651	731	1215.1320.1435.1535	1653	1733	3.6	10	着野口国発	707	747	1249.1415.1522.1630.1710	1809

別府鉄道の時刻表(昭和39年2月7日現在)。

土山線は貨物列車がメインだったが、ディーゼル機関車のDD502が客車1両を牽く列車も走っていた。中野～別府港にて。◎昭和58年10月27日　撮影:安田就視

野口線の野口駅に停まるキハ101気動車。左に停まるのは高砂線の気動車で、野口駅では同じホームでの乗り換えができた。◎昭和54年2月11日　撮影:香山武慶

野口線坂井～円長寺間を走るキハ2気動車。荷台付のバケットカーで昭和6年に三岐鉄道が購入し、昭和40年に別府鉄道に譲渡された。◎昭和55年9月7日　撮影:安田就視

石屋川車庫の700形。車庫は市電網の最東端にあり、車庫から繋がる石屋川線は昭和20年3月に空爆されて一部休止となり、昭和20年10月に全線復旧した。◎昭和36年3月　撮影：中西進一郎

明治の六大都市では最後発

神戸市交通局（路面電車）

山手上沢線と湊川線が交差する湊川電停。多くの電車が数珠つなぎに走っていた。◎昭和33年7月13日　撮影：小川峯生

民間が始め「東洋一、みどりの市電」へ

神戸市内の山手と浜手を東西南北に結び、阪神電鉄等各私鉄との接続役も引き受けていた神戸市電。

しかし、明治28年1月31日に京都で日本初の市内電車が走り、東京、大阪など各都市でも市電が普及し始める中、六甲山系と海に挟まれた街は道路幅も狭く、民間から路面電車敷設の申請はあったが許可されなかった。

明治38年8月になって市電の必要性が示されて、将来、神戸市が買収でき、純益金の5%を市に納める条件の下、明治39年11月に神戸電気鉄道が免許を取得した。

明治43年4月5日に春日野道〜兵庫駅前間を開業させ、春日野道で阪神電鉄と兵庫駅前で兵庫電気軌道（現・山陽電鉄）と連絡した。神戸市が道路と橋の使用料や市税を免除したこともあり、順調に路線網を広げたが、市民の新線建設の要望はそれ以上に年々強くなる。

神戸市は神戸電気（合併で社名変更）の買収を決め、譲渡価格で交渉は難航したが、大正5年12月に契約が締結され、翌年8月に神戸市電気局が事業を引き継いだ。

次々と新機軸を打ち出し市電の頂点へ

その後、電気局は神戸市内各地に路線網を広げ、先行した他都市に追いつき追い越せとばかり、新技術や新サービスを導入していく。大正9年には大型ボギー車を、大正12年には日本初の鋼製車両をそれぞれ導入し、昭和8年には薄緑と濃緑のツートンカラーにした車両が登場。神戸市電のシンボルカラーとなる。また、大正9年11月15日から5日間は、元町商店街の誓文払い（大バーゲンセール）に合わせて、日本初の「婦人専用車」も走った。

昭和10年3月には女性車掌が乗務を始め、同年12月には2人掛けクロスシートで自動ドアの「ロマンスカー」が走り出し、収益率でも全国市電の頂点となる。

市民からは東洋一と言われ、戦後も工事が中断していた石屋川線が昭和28年10月に全通し、市電はピークを迎えた。その後、交通事情が悪化したため市営地下鉄の開通を待たずに昭和46年3月14日、市電は全廃した。

和田・高松線の笠松七丁目に停まる800形（左）と700形（右奥）。700形は転換式クロスシートの「ロマンスカー」だが、戦時中にロングシートに改造された。◎昭和44年1月　撮影：安田就視

湊川神社の祭神である楠木正成公の像から付けられた楠公前電停付近を走る900形電車。楠公前は楠公東門線・兵庫線と栄町線が交差する。◎昭和43年　撮影：荻原二郎

兵庫県南西部の廃止路線

赤穂鉄道、北沢産業網干鉄道、播電鉄道

播州赤穂で連結作業中の赤穂鉄道4号機。大正13年生まれのドイツ・コッペル社製のC型タンク蒸気機関車。◎昭和15年12月15日 撮影：牧野俊介

赤穂鉄道の千種川に架かる根木鉄橋を渡るドイツのコッペル製C型タンク蒸気機関車と客車。廃止後は井笠鉄道に譲渡されている。◎昭和25年12月19日　提供：朝日新聞社

千種川沿いに有年と繋いだ赤穂鉄道

赤穂の塩を内陸部に運ぶため上郡を目指して計画されたが、上郡で接続する予定の播美線（上郡～美作間）が計画中止となり手前の有年で山陽本線と接続した。

大正10年4月14日に赤穂加里屋（後・播州赤穂）～上郡間、12・7キロが開業。軌間762ミリのミニ鉄道ながら、赤穂の塩や忠臣蔵観光を全国に広めた。

営業成績も悪くなかったが昭和26年12月12日の赤穂線の開業と同時に「使命を終えた」と廃止された。

軍用品専用線だった北沢産業・網干鉄道

東京芝浦電気（現・東芝）が、山陽本線網干から自社工場までの専用線として建設し、昭和19年6月から網干～上余部間で貨客混合列車により、発電機や発動機等の軍用品や工場への工員たちを運んでいた。

戦後、昭和22年に浜田港などへ延伸するが、三井財閥系の東芝は、過度経済力集中排除法の適用を受けた。

網干工場は、昭和25年2月に西芝電機として分割され、専用線は北沢産業に譲渡された。北沢産業は、昭和41年11月には地方鉄道として再スタートする。

昭和59年2月、国鉄の貨物改革で網干の貨物取扱が廃止され休止。平成元年5月1日になって廃止された。

大正期、揖保川沿いに活躍した播電鉄道

龍野は素麺、醤油の産地として栄え、その鉄道輸送のため明治42年1月1日に龍野電気鉄道（龍野電鉄）が標準軌で龍野町（後・播電龍野）～網干駅間を開業した。

一方、揖保川の上流に向けては大正4年7月21日に新宮軽便鉄道が龍野電鉄と接続して新宮までを開業する。

その後、両社は合併するが、大正13年に破綻して競売にかけられ、大正14年6月からは播電鉄道（播電）として網干港～新宮町間や網干駅支線などを運行した。

播電は、順調に業績を伸ばしたが、昭和7年7月11日、姫津線（現・姫新線）が播磨新宮まで延伸すると大打撃を受け、昭和9年12月16日に廃業、その歴史を閉じた。

39. 2. 7 訂補　洲本――福良――岩屋 電 通（淡路交通）

600	710	こ30	1838	1910	1940	こ60	2210 ↓	キロ数	円	発洲本着 ↑	544	631	720	754	807	こ30	1908	2000	2100	2200
628	726	の分	1904	1936	2006	の分	2236	12.9	70	〃掃守発	520	606	655	727	738	の分	1803	1935	2035	2135
647	747	間毎	1927	1957	2027	間毎	2257	23.4	100	着福良発	500	545	630	704	715	間毎	1820	1913	2013	2113

上表の他　（準急）洲本発福良行1754．1824　福良発洲本行 715．721．749　所要 50分

淡路交通鉄道線の時刻表（昭和39年2月7日訂補）。

淡路島に鉄道を敷いた男

淡路交通鉄道線

区間▼洲本～福良（全区間県内）
駅数▼17駅
全通年月日▼大正11（1922）年11月26日
廃止年月日▼昭和41（1966）年10月1日
路線距離▼23・4㎞
軌間▼1067㎜

洲本駅に停まる609号電車。近くの洲本港からは南海・多奈川線の深日港（大阪府岬町）まで定期船が連絡していた。◎昭和36年4月29日　撮影：荻原二郎

宇山車庫に停まる1010号電車。創業時に宇山は洲本口として開業し、大正14年5月の洲本延伸前に改称した。◎昭和33年3月4日　撮影：江本廣一

宇山駅に停まる電車は阪神急行電鉄51系に似ていて、ファンデリアと言われた屋根部の換気装置が付いている。◎昭和33年3月4日　撮影：江本廣一

一人の男の信念で開業した淡路鉄道

水色と白のツートンカラーの淡路交通のバスは、関西でも馴染みが深い。この淡路交通のルーツが、淡路鉄道。創業したのは、淡路島で「交通文明の父」と称された賀集新九郎（明治4年生～昭和17年没）である。

新九郎は、島内一の地主だった賀集家に生まれ、明治43年12月に地元の有力者、中村重次郎らと鉄道建設に乗り出す。しかし、賀集八幡神社にある新九郎の表功碑に「東西に奔走し百難に耐え苦心惨憺 遂に成就せしめたり」とあるとおり、大正11年11月26日の開業までは大変な苦労が続き、計画は何度も中断を余儀なくされた。

大正元年10月に新九郎らの申請は認可されるが、出資金は集まらず、淡路鉄道の設立は、大正3年4月までずれ込む。同年11月に起工式を行うも第1次世界大戦の影響で工事費が高騰し資金不足等で工事は2度も中断。

新九郎は東京の鉄道大臣に日参し、行政からの補助金や地元の支援金そして自らも多額の私財を投じて、やっと開業までこぎつけた。

淡路島の島内交通を集約して効率化

洲本口（後・宇山）～市村間の開業に続き、順次延伸して大正14年6月1日には、洲本～福良間、23・1（昭和13年の福良移設で23・4）キロが全通。同日の全通式には、地元出身の永田秀次郎鉄道大臣も参列し盛大に祝った。

しかし、肝心の営業成績は、競合する乗合バスに乗客を奪われて芳しくなく、やむなく同バス会社を買収し、バス路線は、洲本や三原方面の運行に切り替えた。

昭和7年からは、SLからガソリンカーへの転換を始め、専務に招いた土屋恒治が、昭和13年から島内のバス会社やタクシー会社を次々と吸収合併し、昭和18年7月に淡路交通と改称、島内の交通網を統一した。

戦後、乗客増加に対応して昭和23年2月に全線電化を達成している。しかし、自動車の普及に押されて、昭和41年10月1日に鉄道事業からは撤退し、淡路交通は、バスやタクシー事業で発展していく。

能勢電鉄妙見線（国鉄前線）、妙見鋼索鉄道（上部線）、日本無軌道電車（花屋敷～新花屋敷）

川西に停まる妙見線（左）と国鉄前線（右）の電車。川西は昭和40年4月1日から6月末までの名称で、7月1日に川西能勢口となった。◎昭和40年　撮影：荻原二郎

トロリーバスの1形が、つつじが丘付近にある万年坂の急勾配を登る。◎昭和3年8月1日
提供：朝日新聞社

川西能勢口～川西国鉄前の廃線跡にあるマンホールの蓋には、「懐かしの情景」として、さよなら運転のレリーフがある。◎平成23年1月3日　撮影：野沢敬次

妙見の森リフトのふれあい広場。近くにシグナス森林鉄道もある。◎平成25年11月25日撮影：野沢敬次

貨物輸送のための能勢電・国鉄前線

　大正2年4月13日に開業した能勢電の収益源の一つは、平野近くにあった帝国礦泉（現・アサヒ飲料）からの三ツ矢サイダーの貨物輸送だった。このため開業後敢え無く倒産した能勢電は、大正6年8月8日に能勢口（現・川西能勢口）～池田駅前（後の川西国鉄前）間、600メートルの通称・国鉄前線を開業させ、福知山線と接続する。

　しかし、帝国礦泉は、大日本麦酒に継承されて、昭和3年には工場を西宮に移転。能勢電は、また窮地に陥る。

　戦後、福知山線は、遅くまでSLが走るなど旧態依然として阪急電鉄に乗客を奪われ、国鉄前線の乗客も減少。

　末期には旧型電車1両が細々と繋ぎ、昭和56年12月20日には廃止されて、同区間は高架の遊歩道で結ばれた。

リフトになった妙見鋼索鉄道（上部線）

　大正12年11月に能勢電が一の鳥居から妙見（現・妙見口）までを延伸する前年、地元有志が、妙見山の山上までのケーブルカー敷設を計画し、能勢電もこれに賛同・出資して、大正11年2月に妙見鋼索鉄道が設立された。

　大正14年8月1日に滝谷（現・黒川）～中間間の下部線と中間～妙見山間の上部線により開業して、麓から山頂までを結び、妙見から滝谷までは、バスで連絡した。

　戦況が厳しくなるとケーブルは撤去を迫られ、昭和19年2月11日に廃止、翌年4月には会社も解散した。

　戦後、昭和35年4月22日に能勢電が再開したが、上部線は同年8月27日にリフトでの再開となった。

日本初のトロリーバス、日本無軌道電車

　阪急・宝塚本線の花屋敷（移転統合後、雲雀丘花屋敷）から新花屋敷（現・宝塚市長尾台）までを結んだトロリーバスで、運行期間は僅か3年半。当時の乗合バスでは急な坂道を登られなかったため新花屋敷温泉への足として昭和3年8月1日に阪急から電力供給を受けて開業した。

　しかし、昭和恐慌で資金繰りが行き詰り、昭和7年1月には休止となり同年4月に廃止された。

路線付け替えによる廃止路線等

阪神電気鉄道尼崎海岸線、武庫川線（省線西ノ宮接続線）、阪急電鉄上筒井線、山陽電気鉄道本線切換（兵庫～西代、明石市内）

3面3線の立派な頭端式ホームを持つ上筒井駅。中央の90形電車は、元は明治期の院電（鉄道院電車）で、標準軌に改軌されたが当時の面影を保っていた。◎昭和15年　提供：朝日新聞社

王子公園駅の六甲側に残る上筒井支線跡。高架から地上に降りて上筒井まで向かっていた。◎平成22年6月24日　撮影：野沢敬次

第二阪神国道で消えた阪神・尼崎海岸線

阪神電鉄が昭和4年4月14日に開業した尼崎海岸線出屋敷～東浜間は、工業地帯を走り賑わったが、戦後、工業用水の汲み上げによる地盤沈下が深刻となり、昭和26年7月19日に高洲～東浜間が休止。昭和37年12月1日には、第二阪神国道（国道43号）の工事で全廃された。

戦争のために敷かれた阪神・武庫川線

武庫川線の三線軌条は洲先から阪神国道線と交わる武庫大橋まで続き、東海道本線西ノ宮（現・西宮）までの貨物線は、鉄道省がSLで軍需物資を運んでいた。戦後も進駐軍や国鉄が利用したが、昭和33年7月1日に休止され、昭和60年4月14日には武庫川～武庫大橋間も廃止。

阪急最初の神戸側終点だった上筒井線

第2章で紹介した阪急電鉄・神戸本線の最初の終点・神戸（現・神戸三宮）の場所は、神戸市電の上筒井一丁目電停の隣で、三宮乗り入れのため昭和11年4月1日に高架になった際に西灘（現・王子公園）～上筒井が支線として残され、昭和15年5月20日に廃止された。

合併で整理された明石市内の山陽電鉄

山陽電鉄は、路面電車規格の兵庫電気軌道と高規格の神戸姫路電気鉄道が宇治川電気に併合されて誕生した。

このため両社の接続点だった明石市内の路線は、二度にわたって付け替えられ昭和6年12月23日に明石駅前（現・山陽明石）が移設されて、その支線が廃止された。

三宮乗り入れで廃止の山陽電鉄の路線

神戸高速鉄道により阪神電鉄および阪急電鉄に乗り入れるため地上区間を走っていた電鉄兵庫～西代間は、昭和43年4月7日から地下区間の西代～高速神戸間に切り換えられて、電鉄兵庫～西代間は同日に廃止された。

電鉄兵庫の代替駅としては、大開が開業している。

廃止の路面電車やモノレール等

阪神電気鉄道軌道線（甲子園線、国道線）、阪神電気鉄道本線切換（岩屋〜滝道）、姫路市営モノレール

姫路モノレールの姫路〜手柄山の運賃が100円だったのに対し、近くを走る山陽電鉄の同区間は20円と安く利用が低迷した。◎撮影：高山禮蔵

西宮市内の国道2号を進む阪神の国道線31形。◎昭和35年　撮影：中西進一郎

球場とともに歩んだ阪神・甲子園線

大正11年10月に阪神電鉄は、武庫川の河川改修で廃川となった支流の流域、22万5千坪を払い下げられた。そこに甲子園大運動場（現・阪神甲子園球場）を建設し、甲子園から南北に軌道線を伸ばしたのが、甲子園線。

甲子園から南に浜甲子園までを大正15年7月16日に開業。北へは昭和3年7月11日に国道線の上甲子園まで延伸する。昭和5年7月9日には浜甲子園〜中津浜間も開業したが、戦時下の昭和20年1月6日に休止し、そのまま廃止された。戦後、車庫を共有していた国道線の廃止に合わせて、昭和50年5月6日に残る路線も廃止となる。

国道工事で通った阪神・国道線

阪神国道（国道2号）を拡張する際、路面電車用地の費用負担を条件に敷設が認可されることになり、阪神電鉄などが阪神国道電気軌道（阪国電軌）を設立した。昭和2年7月1日に西野田（後・野田と統合）〜神戸東口（後・東神戸）間が開通、翌年4月に阪国電軌を合併し直営化する。

戦後は、交通渋滞に巻き込まれて、神戸側から順次路線を短縮し、昭和50年5月6日に最後の野田〜上甲子園間が甲子園線と一緒に廃止された。

地下化で消えた阪神・本線（岩屋〜滝道）

阪神電鉄が明治32年4月12日に開業した際、岩屋から神戸（現・三宮）間も地上を走っており、大正元年11月1日には、現在の神戸国際会館の前（滝道）まで延伸。

しかし、国道2号の拡幅工事に合わせて昭和8年6月17日にこの区間は地下線となり、地上区間は廃止された。

短命だった姫路市営モノレール

姫路城が昭和の大修理を終えて開かれた「姫路大博覧会」の足として建設されたが、工事が遅れて完成したのは、会期後半の昭和41年5月17日だった。その後は利用が低迷し、昭和43年1月31日に途中の大将軍が休止。路線も昭和49年4月11日に休止し昭和54年1月26日に廃止。

兵庫県の専用線　所管駅と専用線（専用者名称）一覧

専用線とは、専用者（荷主）が自己負担で倉庫や工場まで引き込んだ引き込み線（側線）のこと

【国鉄・東海道本線】

尼崎	住友金属工業（株）／京阪神急行電鉄（株）→阪急電鉄（株）／麒麟麦酒（株）／日本通運（株）／神崎製紙（株）神崎工場／久保田鉄工（株）／日本瓦斯化学工業（株）大阪工場→三菱瓦斯化学（株）／尼崎軍用側線
西ノ宮	東洋毛糸紡績（株）／合同毛織會社／鐘渕機械工業（株）／西ノ宮国道卸売市場／日本麥酒鑛泉會社→朝日麦酒（株）／住友セメント（株）／協和醗酵工業（株）西ノ宮工場／西宮軍用側線
東灘	（株）神戸製鋼所
湊川	川崎重工業（株）／全国購買農業共同組合連合会大阪支所／神戸くみあい飼料（株）／三菱倉庫（株）神戸支店／篠崎倉庫（株）／湊川軍用側線
神戸	三菱倉庫（株）
神戸港	川崎製鉄（株）／森本倉庫（株）・渋沢倉庫（株）神戸支店・辰巳倉庫（株）神戸支店（略称三倉専用線）／篠崎倉庫（株）・京神倉庫（株）・大神倉庫（株）・辰巳倉庫（株）神戸支店（略称四倉専用線）／三井倉庫（株）神戸支店／森本倉庫（株）／（株）神戸製鋼所／東神倉庫（株）／浪華倉庫
摩耶埠頭	（株）神戸製鋼所

【国鉄・福知山線】

尼崎港	住友金属工業（株）鋼管製造所／旭硝子（株）尼崎関西工場／日本硝子（株）尼崎工場
塚口	森永製菓（株）塚口工場／三菱電機（株）伊丹製作所／内外輸送（株）大阪支店／中央ピーエスコンクリート工業（株）
伊丹	伊丹製絨所／東洋ゴム工業（株）／東洋紡績（株）／倉毛エレクト工業（株）→クラケ紡績（株）
北伊丹	ダイハツ工業（株）
惣川	（株）大阪砕石工業所
三田	（株）中田製作所
柏原	兵庫縣東部乾繭販売利用組合／柏原製糸（株）
石生	（株）柏原銀行石生出張所／生郷村農業共同組合／稲次健治
黒井	樽谷清一

【国鉄・山陽本線】

兵庫	（株）川崎造船所→川崎車両（株）→川崎重工業（株）／川西倉庫會社→川西商事（株）／（株）増田製粉所／鐘淵紡績（株）／日本製粉（株）／神戸工業（株）／築港興業（株）／兵庫軍用側線
新川	日清製粉（株）／日本製粉（株）／松村石油（株）
兵庫港	篠崎倉庫（株）
鐘紡前	（株）工業組
和田岬	三菱倉庫（株）／三菱造船（株）→中日本重工業（株）→三菱重工業（株）神戸造船所
鷹取	ライジングサン石油（株）→シェル石油（株）／三菱石油（株）大阪支店／大阪地方専賣局／鷹取軍用側線
明石	山陽電気鉄道（株）
西明石	西明石倉庫（株）
大久保	（株）神戸製鋼所大久保工場／日本専売公社大阪地方局
土山	紡機製造（株）→東洋機械金属（株）
加古川	日本毛織（株）／加古川刑務所／金沢製材所→（株）金沢／加古川町農業協同組合→加古川市農業協同組合
宝殿	日本毛織（株）／住友セメント（株）
姫路	片倉製絲紡績（株）／日出紡績（株）／小田亀吉／紐育スタンダード石油（株）→スタンダード・ヴァキューム・オイル・カンパニー／シェル石油（株）／神崎藤次郎（姫路木材倉庫）／（株）神崎組／三菱電機（株）／西神崎木材（株）／姫路精穀（株）／（株）播州精穀所／大和工業（株）／播州倉庫（株）／姫路合同貨物自動車（株）
姫路市場	姫路中央冷蔵（株）
網干	北沢産業（株）
竜野	揖西農業協同組合／井河原農機具（株）

【国鉄・加古川線】

厄神	八幡村農業協同組合
久下村	樽谷富蔵→樽谷包装産業（株）
市場	日本綿業（株）／播州織市（株）

【国鉄・高砂線】

高砂	田熊汽缶製造（株）播磨工場→田熊汽躍製造（株）→（株）タクマ播磨工場／播磨耐火煉瓦（株）／野田醤油（株）関西工場→キッコーマン（株）関西工場／鐘渕紡績（株）／三菱製紙（株）高砂工場／（株）神戸製鋼所高砂工場／三菱重工業（株）高砂製作所
高砂港	鐘渕化学工業（株）高砂工業所／三菱電機（株）／窒憐加肥料工業（株）→福栄肥料（株）／三菱製紙（株）

【国鉄・三木線】

三木	美嚢共同農業倉庫→三木農業倉庫

【国鉄・北条線】

北条町	加西共同農業倉庫／日本通運（株）
法華口	大蔵省（旧呉海軍建築部）

【国鉄・播但線】

飾磨港	東洋紡績（株）→東洋化成工業（株）／三菱鑛業（株）→太平鉱業（株）生野工業所→三菱金属鉱業（株）生野鉱業所／兵庫県
飾磨	福島紡績（株）→敷島紡績（株）／富士製鉄（株）広畑製鉄所→新日本製鉄（株）広畑製鉄所／製鉄化学工業（株）
京口	日本毛織（株）／黒田爲吉
野里	東洋紡績（株）
仁豊野	シュアリ産業（株）
福崎	大鉄産業（株）
寺前	久保石灰工業所／日本通運（株）
新井	日本土地山林（株）

【国鉄・山陰本線】

和田山	安本長蔵／福知山建設工業（株）
福知山	鐘淵紡績（株）福知山工場／福知山市
養父	日曹鉱業（株）大屋鉱業所
八鹿	福知山建設工業（株）
江原	（株）神戸製鋼所日高工場／住友セメント（株）
豊岡	シェル石油（株）

【国鉄・姫新線】

本竜野	竜野醤油（株）→ヒガシマル醤油（株）
東觜崎	神岡村農業協同組合、兵庫県手延素麺製粉協同組合／不二紙工（株）
播磨新宮	菅哉物産（株）／新宮製粉精麦（株）

【国鉄・赤穂線】

播州赤穂	東洋紡績（株）赤穂工場／第一燃料工業（株）
西浜	住友セメント（株）／三菱電機（株）

連絡社線【別府鉄道】

別府港	（株）多木製肥所→多木化学（株）／製鉄化学工業（株）／丸尾カルシウム（株）

連絡社線【北沢産業・網干鉄道】

上余部	東京芝浦電気（株）姫路工場
中浜田	西芝電気（株）／日伸製鋼（株）

連絡社線【阪神電気鉄道】

洲先	明和専用側線（駐留軍専用線）

国鉄貨物局発行の『専用線一覧表』（大正12年版、昭和５年版、昭和26年版、昭和28年版、昭和32年版、昭和36年版、昭和39年版、昭和42年版、昭和45年版、昭和50年版、昭和58年版）をもとに作成。専用者名称の変更は、「旧名称→新名称」と表記。なお、名称は当時の名称で現在と異なる場合もある。

野沢敬次（のざわ けいじ）

昭和34年大阪府生まれ。長年、カレンダーや絵本の撮影に携わる一方、各地の歴史的建造物等の調査・執筆を行う。主な発表媒体に「週刊現代」（講談社刊）、「SL&RAILカレンダー」（交通新聞社刊）、「週刊歴史でめぐる鉄道全路線」（朝日新聞出版刊）、「知れば知るほど面白い阪急電鉄」（洋泉社刊）、「大阪府の鉄道」（アルファベータブックス刊）等がある。ユーモアを忘れない律儀な関西人を自負する。有限会社STUDIO夢銀河代表、日本写真家協会会員、日本鉄道写真作家協会会員。

【写真撮影】

浦濵晃彦、荻原二郎、金井光由、香山武慶、高山禮蔵、高橋義雄、堀井敬之、中西進一郎、野口昭雄、野沢敬次、前田雅美、牧野俊介、安田就視、山本雅生、涌水均、朝日新聞社

兵庫県《ひょうごけん》の鉄道《てつどう》
昭和《しょうわ》～平成《へいせい》の全路線《ぜんろせん》

発行日……………………2018年1月5日　第1刷　　※定価はカバーに表示してあります。

著者……………………野沢敬次
発行者…………………茂山和也
発行所…………………株式会社アルファベータブックス
〒102-0072　東京都千代田区飯田橋2-14-5　定谷ビル
TEL. 03-3239-1850　FAX.03-3239-1851
http://ab-books.hondana.jp/

編集協力………………株式会社フォト・パブリッシング
デザイン・DTP………柏倉栄治
印刷・製本……………モリモト印刷株式会社

ISBN978-4-86598-832-1 C0026